YO *ya* SOY

TESTIMONIOS DE FE EN EL GRAN YO SOY

Michelle J. Goff

Ministerio Hermana Rosa de Hierro
Searcy, Arkansas

Derechos reservados © 2019 Michelle J. Goff.

Todos los derechos reservados. Este libro y ninguna de sus partes pueden ser usadas o reproducidas en ninguna forma gráfica, electrónica o mecánica, incluyendo fotocopia, grabación, taquigrafiado, tipeado o algún otro medio, incluyendo sistemas de almacenamiento, sin previo permiso por escrito de la casa editora, excepto en caso de citas breves incorporadas en revisiones o artículos críticos.

Michelle J. Goff / CreateSpace
Ministerio Hermana Rosa de Hierro
www.HermanaRosadeHierro.com
1-501-593-4849

Formato del libro ©2013 BookDesignTemplates.com

Las citas bíblicas son tomadas de LA BIBLIA DE LAS AMERICAS © Copyright 1986, 1995, 1997 by The Lockman Foundation Usadas con permiso
La *Santa Biblia*, Nueva Traducción Viviente, © Tyndale House Foundation, 2010. Todos los derechos reservados.
La Santa Biblia, Nueva Versión Internacional® NVI® Copyright © 1999 by Biblica, Inc.® Usado con permiso. Todo derecho reservado.
El texto Bíblico ha sido tomado de la versión Reina-Valera © 1960 Sociedades Bíblicas en América Latina; © renovado 1988 Sociedades Bíblicas Unidas. Utilizado con permiso. Reina-Valera 1960™ es una marca registrada de la American Bible Society, y puede ser usada solamente bajo licencia.

Debido a la naturaleza dinámica del internet, alguna de las direcciones de la página web o alguna otra conexión contenida en este libro puede haber cambiado desde su publicación y no ser válida.

YO *ya* SOY / Michelle J. Goff.—1er ed.
ISBN 978-1-7340293-2-1

Contenido

Reconocimientos v

Formato de los estudios bíblicos del Ministerio Hermana Rosa de Hierro vii

Introducción 1

1. Fijando la mirada en el YO SOY 7
2. El Gran YO SOY: El que es y que era y que ha de venir 21
3. No "¿quién soy yo?" sino quién el YO SOY es. 39
4. Si creo que el YO SOY *ya* es ____, entonces yo soy ____. 53
5. ¿Cómo puedes pedirme de beber? El Agua Viva 67
6. ¿Serán satisfechas mis necesidades? El Pan de Vida 81
7. ¿Estoy viendo claramente? La Luz del Mundo 95
8. ¿Estoy segura? La Puerta de las ovejas 111
9. ¿Hay alguien que de verdad me conoce? El Buen Pastor 125
10. ¿Dónde encuentro esperanza? La Resurrección y la Vida . 137
11. ¿En quién creo? El Camino, la Verdad y la Vida................... 153
12. ¿A dónde voy desde aquí? La Vid Verdadera.......................... 165
13. ¿Quién me consolará, guiará, y recordará? El YO SOY en mí, viviendo en el Espíritu Santo... 179

Conclusión 191

Sobre la autora 195
Sobre el Ministerio Hermana Rosa de Hierro 199
Bibliografía 203
Guía para la facilitadora 205
Notas/Testimonios 209

Dedicado al Equipo Goff
(es decir, mis padres)

A pesar de nuestras imperfecciones, las pruebas y nuestras fortalezas y debilidades, en cada paso del camino, siempre nos respetamos, nos apoyamos y nos amamos.

Verdaderamente son "participantes en el evangelio" (Fil. 1:5). Y las respuestas de Dios a sus oraciones por otros que sirvan de esa manera han hecho posible este libro.

Gracias por siempre enseñarme, por sus palabras y sus ejemplos, a buscar y dar gloria al YO SOY. Le doy gracias a Dios por ponernos en el mismo equipo, con Él como Capitán. Y les doy gracias por sus revisiones y comentarios en cada paso de este libro y de la vida.

¡Geaux Equipo!

Reconocimientos

Katie Forbess, la animadora glorificada, Hermana Rosa de Hierro ejemplar, líder del equipo y mi amiga de siempre y para siempre. Doy gracias a Dios por la bendición mutua de nuestra amistad y trabajo en equipo para el reino.

A Brenda, Erica, Débora, Wendy, Amanda, y otras personas del equipo del Ministerio Hermana Rosa de Hierro, sin los papeles que jugaron en el Ministerio Hermana Rosa de Hierro yo no habría tenido el tiempo, la energía, ni la capacidad mental para permitir que el YO SOY hablara a través de mí para este libro. De parte mía y de parte de las muchas mujeres que profundizarán su fe en el YO SOY y sus relaciones con otras Hermanas Rosa de Hierro, ¡gracias!

Gracias a la junta directiva del Ministerio Hermana Rosa de Hierro por animarme y forzarme a mantener un mejor equilibrio entre el trabajo y la vida para poder seguir permitiendo que Dios use mis pasiones por escribir, enseñar y exponer, todo para Su gloria. Es una tremenda bendición poder "mantenerme en mi canal."

Unas "gracias especiales" a Jordan Yarbrough y la familia Goad por ayudarme a escaparme unos días para escribir, editar, revisar, y recargarme.

Este libro está dedicado a mis padres que siempre me han apoyado incondicionalmente. Pero las gracias a mi familia estarían incompletas si no incluyo a mis hermanas y mis cuñados. Gracias por sus oraciones constantes, su apoyo, y paciencia, especialmente cuando estoy en mis momentos dedicados al escribir. Cada uno me inspira a ser una mejor versión de quien el YO SOY puede ser y hacer en mí. ¡Y me encanta vivir la vida en familia con ustedes!

También, gracias a Kadesh y Zeni por ayudarme a ver al YO SOY con los ojos de fe que tienen los niños.

Finalmente, al YO SOY, quien es, era y siempre será la constante en mi vida. Gracias por ser. Y gracias por hacer posible todo el ser y hacer que he reconocido anteriormente, y mucho más. A Ti sea toda la honra y la gloria por los siglos de los siglos. Amén.

Muchísimas gracias a las mujeres que participaron en el estudio piloto de este libro: Johana, Pamela y Natalie Batres, Brenda Brizendine, Cinthia Frame, Michelle Guzmán, Patti Keith, Kara Kendall-Ball, y Francis Reinhard. Valoro sus comentarios y aprecio sus perspectivas sobre lo que nos ayuda a profundizar nuestra relación con el YO SOY.

Y a mis otros editores: George Brown (mi abuelo), Vanessa Chura y Ana Teresa Vivas... ¿Creen que me olvidé de Uds.? ¡Para nada! Este libro no puede llegar a ser un instrumento en las manos del Gran YO SOY sin su revisión meticulosa. Gracias por ser parte del equipo que equipa a mujeres para conectarse con el YO SOY y las unas con las otras más profundamente a través de este libro.

Gracias adicionales a Kendra Neill por las ideas para la portada, Ken Mills por el diseño de la portada del libro y a Geoffrey Wyatt por la foto de perfil.

Formato de los estudios bíblicos del Ministerio Hermana Rosa de Hierro

Los estudios bíblicos del Ministerio Hermana Rosa de Hierro (MHRH) son diseñados para el contexto de pequeños grupos de damas. Aún si fuera posible darles "todas las respuestas" y darles mi perspectiva sobre los versículos y conceptos presentados, no puedo enfatizar lo suficiente el valor de la comunión, la discusión, y la oración con otras hermanas en Cristo. El formato de los estudios bíblicos permite mayor conversación, profundidad de conocimiento y perspectivas únicas. Si no siguen el libro exactamente, ¡está bien! Les invito a que los estudios sean suyos, que permitan que el Espíritu les guíe, y que traten los estudios como guía y recurso, no como fórmula o guion.

Los estudios bíblicos MHRH también dan la oportunidad de escribir tu propio diario espiritual. Te animo a anotar la fecha al final de cada capítulo y hacer apuntes en los márgenes mientras contestas las preguntas.

Los 'Elementos Comunes' (imagen en la próxima página) también sirven como un archivo de tu crecimiento espiritual individual y en comunión con tus Hermanas Rosa de Hierro. Usando la imagen de la rosa y el logotipo del ministerio, los pétalos de la rosa representan las áreas en las que reconocemos la necesidad de crecer o florecer. A través de los estudios, también podemos identificar espinas que deseemos eliminar o las cuales necesitemos ayuda para eliminar. Puede ser que sean espinas como las de Pablo (2 Cor. 12:7-10), pero al identificarlas, ya sabemos dónde están y podemos afilarlas o dejar de puyarnos a nosotras mismas o a otros. El último Elemento Común es el hierro. Se facilita mejor en comunión con otras hermanas cristianas: Hermanas Rosa de Hierro.

Elementos comunes en los estudios MHRH

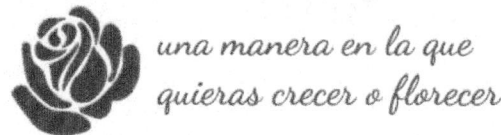 una manera en la que quieras crecer o florecer

 una espina que desees eliminar

un elemento que quieras profundizar o un área en la que necesitas a alguien como afiladora en tu vida

¿Qué es una Hermana Rosa de Hierro?

Una Hermana Rosa de Hierro es una hermana cristiana que sirve como hierro afilando a hierro (Prov. 27:17), quien anima e inspira a otras a ser tan bellas como rosas a pesar de unas espinas.

Propósitos de las relaciones Hermana Rosa de Hierro:

- ➢ Ánimo e inspiración
- ➢ Oración
- ➢ Entendimiento y afirmación
- ➢ Confidencialidad
- ➢ Afiladora espiritual
- ➢ Llamado mutuo para vivir en santidad
- ➢ Amistad espiritual y conversación

Recomendaciones para estudios bíblicos del Ministerio Hermana Rosa de Hierro:

- ➤ Apartar al menos una hora y media para reunirse semanalmente.
  - o Somos mujeres – ¡Nos gusta hablar!
  - o Tiempo en oración
  - o Profundidad de conversación y plática
- ➤ Guiar el estudio en rotación entre TODAS las mujeres.
  - o ¡Todas pueden guiar!
  - o ¡Todas crecerán!
  - o Para más sugerencias, revisa la *Guía para la facilitadora* (pg. 205)
- ➤ Comprometerse a leer el capítulo de antemano.
  - o Las conversaciones y discusiones serán más ricas y profundas si todas vienen preparadas.
  - o Vas a sacar provecho de acuerdo con el tiempo que le dedicas.
  - o Vas a necesitar tu Biblia favorita a mano para cumplir los estudios.
  - o Todo versículo, al menos que se anota al contrario, viene de la Nueva Versión Internacional (NVI).
- ➤ Mantenerse en contacto durante la semana.
  - o Orar unas por otras
  - o Animarse unas a otras
  - o 'Elementos Comunes'

El logotipo del Ministerio Hermana Rosa de Hierro se utiliza para resaltar preguntas que se pueden aprovechar en el contexto del grupo para buena conversación y discusión del tema: rompehielos, preguntas para profundizar o buscar perspectivas distintas, y áreas para crecer y compartir.

YO ya SOY
Testimonios de fe en el Gran YO SOY

Introducción

Toda mujer tiene su proceso creativo. ¡Sí todas! Mi mamá diría que ella no tiene suficiente creatividad para tener un proceso. Pero la forma en la que ella crea un plan de aprendizaje para niños especiales o cómo crea un menú y haga comidas ricas, dan puntos a mi favor en el argumento.

Mi proceso creativo en el escribir siempre comienza con una lucha. Dios y yo luchamos sobre algo y la verdad que Él revela se convierte en el enfoque para el siguiente libro. Mi motivación es de ayudar a otros para que eviten el dolor de mis luchas y aprender las lecciones que tuve que aprender a golpes.

Al luchar, tal como le pasó a Jacob, salgo cojeando y mi cojera se convierte en mi testimonio de fe en Dios, quién es Él y lo que está haciendo en mi vida. Luego, espero guiar a otros con mi cojera y señalarles al Sanador, Consolador, Redentor, Guía, Amigo, y los muchos otros nombres y cualidades eternas del YO SOY que exploraremos en este libro.

Pero volviendo al proceso creativo... como resultado de mis luchas, el punto principal de la lección aprendida se centra en un título. En este caso, <u>YO *ya* SOY</u> fue tan claro como cualquier otro título jamás ha sido. En el capítulo 1, cuento la historia de cómo surgió ese título, pero no te adelantes todavía. Quédate conmigo en esta introducción para presentarte la dirección en la que Dios ha llevado este libro.

Mi oración constante es que Dios guíe mis pensamientos, palabras, oraciones, estudio, y cada aspecto de lo que se escribe en la página.

> *Una narrativa auténtica y transparente de mi propia caminata se convierte en una invitación a otras en su caminar.*

Y tal como David siempre consultaba a Dios por el camino, en contraste a Saúl que siguió con la primera instrucción que pensó que entendió (1 Sam. 23; 1 Crón. 10:14), es importante continuamente buscar la guía de Dios, especialmente en los procesos creativos.

Para mí, el subtítulo es uno de los próximos pasos iniciales en el proceso creativo. No es que un subtítulo sea necesario, pero para mí, es el subtema que entrelaza todo capítulo y nos regresa al punto principal. Normalmente sale en el proceso de buscar la guía de Dios, juntar mis apuntes, formar mis pensamientos, y desarrollar un bosquejo del contenido del libro.

Sin embargo, para este libro, el proceso de llegar a un subtítulo se convirtió en una ilustración de mi lucha con Dios en el mismo tema presentado: mantener el YO SOY al centro de todo. Luché conmigo misma, procesé verbalmente con otros, y clamé a Dios para que me lo hiciera más claro.

Me gusta ser creadora de palabras. Me es divertido, pero me perdí en la tensión de tratar de encajar algo cuadrado en un hueco redondo. Ninguna palabra sirvió; ninguna frase funcionó; ningún dicho suficientemente dichoso. Confiando en Dios para iluminación y una revelación de la verdad, me incliné a la tensión, dándola la bienvenida en vez de evitarla.

El tren de pensamiento que me regresó al YO SOY

Viaja conmigo en el tren de pensamiento, a dónde Dios me llevó para poder devolverme a lo que era lo más importante (y lo que llegó a ser el énfasis para el estudio del YO SOY):

En búsqueda de un subtítulo, regresé a las expresiones del YO SOY en Juan... Si Cristo mismo proclamó quién era en esas maneras, sería importante enfocarnos en esos atributos de Su naturaleza eterna, ¿no? Y podemos ver por la reacción de otros que Sus declaraciones como **el YO SOY significaba igualdad con el Dios del Antiguo Testamento** (Jn. 8:58). ¡Wow!

Luego, busqué a Éxodo 3 para volver a examinar la primera vez que Dios se auto-declara el YO SOY. Ooooh, por la conversación que tuvo con Moisés, Dios le da propósito, identidad, y redención. ¡Sí! ¡Todos queremos esas mismas cosas! Entonces, ése es el gancho para este libro: encontrar el propósito y la identidad, o respuestas a cualquier pregunta que tienes. Todo al creer en el YO SOY. ¡Excelente!

Más cerca de un entendimiento completo, regresé a mi lista larguísima de variaciones en el subtítulo, pero siguió la falta de conexión:

- "Lecciones en cumplimiento del Gran YO SOY" No. Enfoque equivocado.

- "Conocer y creer en Su nombre" Más cerca...

- "Creencia confiada en el YO SOY sin fin" Quizás...

- "Creer en la perspectiva del YO SOY para la vida" Pero es más que sólo eso...

- "Afirmación y clarificación del Gran YO SOY" Estoy alejándome y forzándolo...

- "Cómo el Gran YO SOY define el propósito, la identidad, y la perspectiva" Ya se me escapó por completo, de vuelta a un enfoque egoísta.

Aunque algunos tenían cierto potencial o sonaban bien, estos y muchos otros posibles subtítulos quedaron cortos, imperfectos, incompletos... palabras que reflejaron cómo me sentía también.

Abatida, hojeé la carpeta con mis apuntes originales, orando a Dios para que me devolviera el gozo de este libro e hiciera más claro todo. Encontré la hoja escrita a mano en donde tenía el título definitivo, "YO *ya* SOY" y un versículo escrito en letra grande. Abrí mi Biblia para volver a leer el versículo que había escrito al pie de esa página: Juan 8:58. "—Ciertamente les aseguro que, antes de que Abraham naciera, ¡yo soy!"

> **Tan sencillo como eso. Dicho con verdad por Él, quien personifica la verdad; una frase de existencia de quien creó la vida: YO SOY.**

En ese momento caí en cuenta: Me había caído en la misma trampa que Dios me había pedido que hablara al escribir este libro. Me había perdido en el enfoque de nuestra propia búsqueda por identidad, propósito, provisión, cumplimiento, respuestas... cosas que pensamos que necesitamos y que buscamos infructíferamente a lo largo de nuestras vidas. El deseo de contestar las preguntas que las mujeres a lo largo de las Américas estaban haciendo me llevó al orgullo por querer escribir el libro que lograría mucha venta al equipar a muchas mujeres a conectarse con el YO SOY.

Cuán fácil es perder la vista en el YO SOY. Su existencia, Su ser, Él que es, que era y que ha de venir tenía que ser el centro de todo. De la misma manera que el YO SOY encarnado arrebató a la gente con Su respuesta en Juan 8:58, me sentí arrebatada y compungida al darme cuenta de lo lejos que me había desviado del YO SOY, aún en mi deseo de guiar a otros a Él.

Mi enfoque estaba equivocado. Mi deseo de contestar a las preguntas de la vida y de inspirarlas a creer más en el YO SOY a través de un subtítulo, estaba confundido.

> **El YO SOY, el que revela, comenzó a revelarse a mí nueva y pacientemente, tal como ha hecho una y otra vez en la Biblia y en mi propia vida en el pasado.**

Renovada mi fe en el YO SOY, nuevas facetas de mi testimonio de fe se comenzaron a formar. Mis queridas Hermanas Rosa de Hierro, es mi oración ferviente que el YO SOY se revele a Uds. en exactamente las maneras que necesitan en los momentos más precisos. ¡Así trabaja! Entonces, ¿cuál es tu testimonio de fe en el Gran YO SOY?

Pues, allí está. El título completo: **YO *ya* SOY: Testimonios de fe en el Gran YO SOY.**

Le pido a Dios para que puedas creer, como me reveló inicialmente, "¡YO *ya* SOY!"

No quiero que creas simplemente por causa de mi testimonio. Sin embargo, si Dios puede usar los testimonios de fe encontrados en este libro, en la Biblia y los de otras mujeres en nuestras vidas, para invitarte a conocer y creer más profundamente en el YO SOY, nuestra misión será cumplida.

Tal como los samaritanos le dijeron a la mujer que les invitó a conocer a Jesús, "*—Ya no creemos sólo por lo que tú dijiste —le decían a la mujer—; ahora lo hemos oído nosotros mismos, y sabemos que verdaderamente este es el Salvador del mundo*" (Jn. 4:42).

Ahora quedamos con la pregunta que hizo Juan en su libro y que Jesús mismo preguntó: "Crees que YO SOY?"

CAPÍTULO 1

Fijando la mirada en el YO SOY

—Ciertamente les aseguro que, antes de que Abraham naciera, ¡yo soy!
(Juan 8:58)

¿• Puede otro estar a cargo? Mi cordura lo exige.

Era la misma canción, estrofa repetida por la décima vez. El disco rayado resonó en mis oídos al lamentar el estado de la situación. Otros se cansaron de escucharlo y yo estaba cansada de decirlo.

Estaba exhausta por el gran peso del estrés de la vida. Se nublaron mis pensamientos al tratar de cumplir con algo en mi lista de quehaceres y buscar una salida. ¡Tenía que encontrar una solución!

Una amiga me recomendó el concepto de cumplir una sola tarea a la vez: un enfoque en tener una sola tarea entre manos antes de pasar a la siguiente.

La primera vez que oí esta sugerencia, mi propio orgullo me hizo estremecerme. Solía enorgullecerme de ser capaz de hacer varias cosas a la vez. Pero mis "expertas" habilidades de trabajar en varias tareas al mismo tiempo me estaban fallando. Y ¿de verdad merecía la pena jactarse de ellas?

Me vi a mí misma caer repetidamente en esa misma trampa de frustración y quejas. Otros se encogían al otro lado del teléfono cuando yo tocaba el tema. ¿Por qué mis palabras sonaban negativas? ¿Por qué mis incapacidades se parecían tan evidentes?

Mis oraciones clamaron con desesperación ante Dios. Desesperada por bajarme de ese tren de la locura. Ansiosa por salir de las vueltas del carrusel. Mis pensamientos eran mi enemigo más grande, más que las desalentadoras tareas que tenía entre manos; las abrumadoras frustraciones se convirtieron en montañas en mi mente.

Mi clamor hacia Dios culminó en la pregunta, "¿Puede otro estar a cargo?" No quiero ser responsable. ¿Puedo soltar las riendas? ¿Puede alguien decirme qué hacer ahora? ¿Cómo identifico las prioridades? Tal vez todo se detenga por suficiente tiempo para que pueda recobrar el aliento...

Mis preguntas continuaron en un torrente de palabras y emociones. Y volví a mi pregunta principal, "¿Puede otro estar a cargo?"

> *Después de respirar profundo, aliviada de expresar mi más profundo anhelo a Dios, agradecida por la capacidad de ponerlo en palabras, Él respondió. Una suave voz, una quietud en mi espíritu, un abrazo delicado con una paciente risa, me llevaron a la clara afirmación, "Yo ya soy. YO SOY."*

¡¿Lo captaste?! El Gran YO SOY ya estaba a cargo de mi vida, de mi situación, de mi mundo, el mismo mundo que yo sentía dar vueltas fuera de control.

Aquel que es, que era y que ha de venir ya estaba a cargo, cuidando las cosas de formas que yo no podía comprender. Él ya lo tiene. Puedo soltarlo. Debo soltarlo. Voy a soltarlo. Y dejar que Él dirija.

No importa cuáles sean tus preguntas, los problemas a los que te enfrentes, las dudas, miedos, confusión o frustración que empañe tu mente, te invito a escuchar la delicada y acogedora respuesta de nuestro Padre eterno, "YO *ya* SOY".

Puede que tu pregunta se expresa con palabras diferentes. ¿Cuál es una de las preguntas que estás enfrentando en tu propia vida?

¿Cuál es tu respuesta al escuchar al Gran YO SOY decir "YO *ya* SOY" en medio de las circunstancias actuales en tu vida?

Descansemos en la promesa del Gran YO SOY y habitemos en Su presencia hoy. Él ya está ahí. Y Él ya lo tiene bajo control. Sea lo que sea.

Conectémonos con el YO SOY juntas

El YO SOY es el centro de este estudio bíblico interactivo, pero no estamos solas en este viaje. Dios nos ha provisto con la oportunidad de descubrir o redescubrir quién es Él y aprender de testimonios de fe en el YO SOY.

Cada semana, estudiarás el capítulo por ti misma, y después te reunirás con otras hermanas en Cristo para conectarte con el YO SOY y con otras mujeres más profundamente. El propósito de este libro es equiparte en esas relaciones a la vez que tenemos la oportunidad de profundizar en muchos de los nombres y cualidades de Dios, juntas.

A través de cada capítulo, habrá preguntas resaltadas con el logo del Ministerio Hermana Rosa de Hierro (MHRH).

Como recurso bilingüe (español e inglés) para mujeres, el Ministerio Hermana Rosa de Hierro se dedica a equipar, inspirar y empoderar a mujeres en sus relaciones con Dios y otras mujeres. El nombre se basa en el hecho de que todas queremos ese tipo de hermana que puede servir como hierro que afila a hierro (Prov. 27:17), animándonos a ser tan bellas como una rosa, a pesar de las espinas: una Hermana Rosa de Hierro. Para más información sobre el MHRH y sus recursos, visita www.HermanaRosadeHierro.com

El logo de MHRH también identifica una serie de preguntas que puedes usar para la discusión cuando te reúnas con tu grupo pequeño (tus Hermanas Rosa de Hierro). Esta es la primera pregunta sugerida para la discusión en este capítulo:

¿Cuál nombre de Dios, el YO SOY, te habla más en tus circunstancias actuales?

Si no hay un nombre de Dios que te venga a la mente en estos momentos, ¡está bien! Gracias por comprometerte a no sólo aprender más sobre el YO SOY sino, más importante aún, conocerle personalmente y creer en Él. Creceremos en nuestro conocimiento y nuestra fe en el YO SOY, a través de la inspiración que recibimos al compartir quién es Él con otros y al dirigirlos al YO SOY.

Desde Moisés hasta mí: Testimonios de fe

Los testimonios son poderosos porque son historias. Aprendemos a través de historias. Conectamos con historias. Nos identificamos con historias y nos vemos reflejados en ellas. Ya sean compartidas de forma oral, leídas en la página de un libro o la pantalla de un teléfono, como el reconocido autor cristiano C.S. Lewis dijo, "Leemos para saber que no estamos solos."

Una película sobre su vida, titulada *Tierras de penumbra*, muestra a Lewis pronunciando esta frase. Una crítica de la película realizada por los fans de Lewis resume bien una de las más grandes tragedias: centrarnos más en quién cuenta la historia en lugar de en el YO SOY. "La gran ironía de *Tierras de penumbra* es que mientras acerca a la gente más a Lewis, puede alejarla de Aquel en quien Lewis encontró el significado de la vida."[1]

Cristo era el YO SOY encarnado, el Verbo que se hizo carne y habitó entre nosotros, de modo que podamos tener el testimonio vivo de Dios en la tierra. Nosotras, individualmente como el cuerpo de Cristo, somos invitadas a ser la encarnación de Cristo en la vida de otros. De esa forma, nuestros testimonios de fe, nuestras historias, son testimonios vivos del YO SOY en la tierra.

Jesús usaba historias (parábolas) para mostrarnos al Padre y enseñarnos a ver las cosas desde Su perspectiva. Jesús aprendió Sus capacidades de contar historias de Su Padre, quien narró la Biblia entera como una historia revelándose a Sí mismo como el YO SOY y haciendo claro Su Camino. ¡No hay mayor testimonio de quién Dios es que el YO SOY hecho carne (Dios encarnado)! Y aquellos que estaban dispuestos de verdad para recibir al Mesías fueron llevados a Él, creyeron en Él y encontraron vida en Su nombre.

 Según Juan 8:25-30, ¿cuál es el resultado de oír quién es Jesús y quién es el Padre?

---

[1] John West, "How Hollywood reinvented C.S. Lewis in the film "Shadowlands,"" modificado 2 julio 2012, http://www.cslewisweb.com/2012/07/how-hollywood-reinvented-c-s-lewis-in-the-film-shadowlands/

Poniendo las cosas en el orden correcto

En la historia de Juan 8:25-30, vislumbramos un resumen de la motivación de Juan en su evangelio. Por fin Juan revela el propósito de todo lo que ha escrito cuando cierra el evangelio de Juan con la presentación de su tesis, el objetivo de todo lo que ha escrito. La mayoría de los escritores lo pondrían al principio de su discurso. Sin embargo, incluso evidenciado por la ubicación de su tesis, Juan hace énfasis en las prioridades de mayor importancia y el orden en el que nosotros mismos deberíamos mirar a las cosas.

Lee Juan 20:30-31 y anota las dos razones por las que él comparte su testimonio y escribe su relato.

Con Juan 20:30-31 en mente, ¿por qué Juan terminó su evangelio con esta afirmación en lugar de comenzar con él? ¿Qué enfatiza en primer lugar en su libro en términos generales? (Siéntete libre de regresar al capítulo 1 de Juan y echar un vistazo por todo el evangelio para conceptualizar esto desde una perspectiva más amplia.)

> *Juan, más que cualquier otro escritor bíblico, se centra en la identidad de Dios como la clave para creer y para tener una vida abundante.*

No podemos dejar que las prioridades se confundan de orden.

Fijando nuestros ojos en el YO SOY

En el Ministerio Hermana Rosa de Hierro, nos esforzamos por equipar a mujeres para centrarse en el YO SOY y por ayudar a otras a hacer lo mismo: conectarse con Dios y con otras más profundamente. La belleza de la diversidad de nuestras Hermanas Rosa de Hierro es que no todas vemos las cosas de la misma forma. Cuando compartimos con otras nuestras percepciones y perspectivas, aprendemos un poco más sobre el YO SOY y podemos descubrir otras facetas de quién es Él.

Pasaremos muchos de los capítulos de este libro profundizando en varios pasajes de Juan y las autoproclamaciones de Jesús como el YO SOY. Sin embargo, nuestro objetivo de conocer al YO SOY y creer en Su nombre no se limitará a este evangelio.

 ¿Qué historias bíblicas te vienen a la mente (fuera del libro de Juan) de aquellos que de verdad llegaron a conocer al YO SOY y Lo enseñaron a otros?

Me imagino que muchos de los que te vinieron a la mente se encuentran entre los héroes de la fe mencionados en Hebreos 11. Cada uno de ellos llegaron a conocer diferentes aspectos del YO SOY, incluso sin jamás llegar a ver el cumplimiento de lo que les fue prometido (Heb. 11:39-40).

No son espectadores en nuestra carrera; son testigos (Heb. 12:1). Sus historias son testimonios de fe y ejemplos de cómo mantener nuestro enfoque. Con ellos en nuestra nube de testigos, entre muchos otros hoy día, ¿qué dice Hebreos 12:1-2 sobre cuáles deberían ser los objetivos en los que nos enfoquemos?

¿Por qué es importante mantener nuestros ojos fijos en Jesús durante el viaje?

¿Qué ocurre cuando perdemos la vista de Jesús? ¿Son los otros objetivos de la vida posibles?

Ver es creer desde la perspectiva del YO SOY

Se cuenta una historia que le pidieron a cinco chinos ciegos describir a un elefante.

El primer hombre acercó el elefante, sintió con sus manos, olió con su nariz y dijo, "Es largo y delgado, muy flexible, como una serpiente, pero con una brocha al final. También huele mal."

"¿Largo y delgado?" argumentó el segundo. "Es más grueso que una manguera y... ¡Ay! Como que escupe. Ya me mojó."

"No es manguera para nada," dijo el tercer hombre, el más bajito de los cinco. "Es más como un árbol, áspero y sólido."

"Si mi amigo lo declara un árbol," interrumpió el cuarto, "definitivamente tengo la hoja más grande que jamás he encontrado. Es delgada y fluye con el viento,"

"Para nada," concluyó el quinto. "Es ancho y amplio, como una pared."

 ¿Cuál ciego tenía razón? Los cinco y ninguno a la vez.

 ¿Cómo ve Dios al elefante?

 ¿Cómo nos parecemos a los ciegos?

Sólo Dios tiene la perspectiva de la vista mayor. Sólo Dios puede ver todo el elefante. Lo que estamos enfrentando... Las preguntas en la vida... Son apenas una arruga en la rodilla del elefante.

Reflexión: ¿Estoy confiando en el YO SOY con todo el elefante?

Vamos a estar viendo por el lente del YO SOY porque no importa lo que dice el mundo, sino lo que dice la Palabra.

Y cuando mantengo mis ojos puestos en el YO SOY, cuando anhelo ver las cosas desde Su perspectiva, evito la trampa de las búsquedas fútiles por respuestas, identidad, propósito, provisión, o lo que sea. **Todo queda corto en comparación al YO SOY.**

Centrándonos en el YO SOY y no en lo que Él contesta

Cuando nos perdemos en la búsqueda de qué deberíamos hacer con nuestra parte del elefante, hemos perdido la vista del YO SOY, quien tiene la perspectiva eterna. Somos llamados a creer en Él, confiar en Él y acudir a Su nombre (Jn. 3:16; Jn. 14:1; Rom. 10:9). No podemos enfocarnos en nosotros mismos.

Preguntas sobre nuestra identidad y propósito impregnan nuestra cultura y consumen nuestros pensamientos. Buscamos respuestas en todos los lugares equivocados y **el centro de atención está equivocado cada vez que lo hago más sobre MÍ que de ÉL, quien diseñó mi identidad y dicta mi propósito.**

Incluso si fuera posible darte todas las respuestas, así como Dios las revela en las Escrituras, nuestro enfoque sería incorrecto.

Referente a la "pregunta de la vida" que escribiste como respuesta a la primera pregunta de este capítulo (pág. 9), si tu objetivo al leer este libro es contestar a esa pregunta, cierra el libro. No lo termines. Puede que tu pregunta quede sin contestar, al menos no de la forma en la que esperas.

Sin embargo, si tu objetivo es profundizar en tu relación con el YO SOY y fortalecer tu fe en Él, las buenas preguntas sí serán contestadas y por ellas tendrás un poderoso testimonio por el aumento de tu fe en el YO SOY.

A través de este libro, no quiero ganarte con la respuesta perfecta a la pregunta perfecta. Quiero equiparte para conocer y creer en el YO SOY. Una vez aprendí una expresión que resume este pensamiento:

"Con lo que les ganas es a lo que les ganas"

Durante mis cuatro años en la Universidad de Harding, trabajé como estudiante asistente para el Dr. Daniel Stockstill, un amigo de la familia y respetado profesor en la Facultad de Biblia y Religión. Al corregir los ensayos de sus estudiantes y revisar las notas de sus clases, prácticamente realicé una auditoría de las clases de Ministerio Juvenil y Estudio del Antiguo Testamento que él enseñaba. Muchas de las lecciones se filtraron en el fondo de mi mente, para ser utilizadas después al trabajar en varios contextos del ministerio.

Una frase específica, con mucho significado, era, *"Con* lo que les ganas es *a* lo que les ganas."

Toma un momento para releer y reflexionar en esa expresión. "CON lo que les ganas es A lo que les ganas." Permíteme dar un ejemplo: Invitas a una amiga a tu iglesia porque te encanta el predicador y el tiempo de adoración es impactante. ¿Qué pasa cuando se muda el predicador o cuando las canciones un cierto domingo no son las mejores? Le has ganado o convencido CON cosas que son buenas, pero así no le has ganado A Cristo, sino a otras cosas. Al contrario, si le ganaras CON Cristo y lo que Él ha hecho por nosotros, le has ganado A Cristo ante todo.

Ahora, piensa en dos ejemplos más de *"Con* lo que les ganas es *a* lo que les ganas," en un contexto cristiano, cómo aplica a este libro, o hasta en otra área de la vida.

Desafortunadamente, esta expresión aplicó a mis propios esfuerzos y proceso creativo al escribir este libro, como mencioné en la introducción y afirmo por mis propias respuestas a los Elementos Comunes a continuación. Gracias al YO SOY, nos sigue acompañando en el proceso de la transformación, fortaleciendo nuestro testimonio de fe en Él.

Elementos Comunes

Cerraremos este capítulo con una introducción a los Elementos Comunes. Son representados por las tres partes del logo del Ministerio Hermana Rosa de Hierro y son una herramienta para la aplicación práctica y personal de una lección. Se utilizan en cada capítulo de todo libro interactivo de estudio bíblico del Ministerio Hermana Rosa de Hierro. Además, por ellos, tenemos la oportunidad de orar las unas por las otras en un grupo pequeño sobre las cosas espirituales.

Los Elementos Comunes son también un ejercicio a través del cual podemos crecer en nuestras amistades espirituales como Hermanas Rosa de Hierro, para ser ese hierro afilando a hierro (Prov. 27:17) al animarnos e inspirarnos unas a otras para ser tan bellas como rosas, a pesar de unas espinas. Al caminar por este viaje de creer en el YO SOY juntas con otras mujeres cristianas, te invito a aprender qué significa realmente tener a alguien que te afila (una afiladora) en tu vida, una compañera de oración y una amiga cristiana: una Hermana Rosa de Hierro.

Las respuestas de cada persona serán distintas al encontrarnos con el YO SOY donde cada una estamos y al responder a las preguntas que cada una se está haciendo. Algunas veces, mientras trabajas en el capítulo a solas, tus respuestas a los Elementos Comunes serán obvias. Otras veces, la discusión del capítulo con tus Hermanas Rosa de Hierro hará tus respuestas más evidentes.

No te olvides de anotar la fecha al finalizar el capítulo como una forma de diario espiritual. ¡Tus propias notas se convierten en un testimonio de fe en el YO SOY!

La aplicación específica de los Elementos Comunes para este libro puede ser expresada de la forma en la que se enuncia a continuación. A veces se encontrarán al final del capítulo. En otros capítulos, estarán dispersados por el capítulo, pero se reconocerán por las mismas tres partes del logotipo.

Los Elementos Comunes de Michelle esta semana

En base a la historia que compartí en la Introducción y la del principio del capítulo, me gustaría compartir contigo mis Elementos Comunes para la lección esta semana y algunas de mis metas personales para el libro entero:

Un nombre o característica del YO SOY en el que quiero **crecer o florecer**.

El YO SOY, el Señor soberano, es quien está a cargo, no yo.

Eliminando la **espina** de una perspectiva errada o enfoque distraído.

Una dependencia en mis propias habilidades y el orgullo de tratar de hacer lo que le toca a Dios hacer.

Maneras en las que una Hermana Rosa de Hierro puede servir como **hierro afilando a hierro** y animarme a **profundizar** mi relación con el YO SOY:

Recuérdame de mi compromiso a mirar primero al YO SOY y señalar a otros hacia Él. (Por lo largo de este libro, te invito a mantenerme responsable en este compromiso.)

Un mensaje de esperanza, una palabra animadora, o un versículo bíblico que nos recuerda del YO SOY.

Juan 8:58, "—*Ciertamente les aseguro que, antes de que Abraham naciera, ¡YO SOY!*" énfasis puesto por mí

Elementos Comunes

¡Ahora te toca a ti!

Un nombre o característica del YO SOY en el que quieres **crecer o florecer**.

Eliminando la **espina** de una perspectiva errada o enfoque distraído.

Maneras en las que una Hermana Rosa de Hierro puede servir como **hierro afilando a hierro** y animarte a **profundizar** tu relación con el YO SOY:

Un mensaje de esperanza, una palabra animadora, o un versículo bíblico que te recuerda del YO SOY.

Gracias por acompañarme y a otras Hermanas Rosas de Hierro en el camino hacia una vista más clara y una fe más profunda en el YO SOY. ¡Anticipo escuchar tu propio testimonio de fe también!

Fecha: _____

Capítulo 2

El Gran YO SOY: El que es y que era y que ha de venir

«Yo soy el Alfa y la Omega —dice el Señor Dios—,
el que es y que era y que ha de venir, el Todopoderoso» (Apoc. 1:8)

Moisés fue el primero a quién el YO SOY se reveló. Comenzando con su nacimiento milagroso (dado que se había dado la orden de matar a todo varón hebreo, Éx. 1:16), estaba claro que Moisés fue puesto en la tierra por un propósito. ¡Y él lo sabía también!

"No fui ningún niño común y corriente. Desde una edad joven, todos sabían que yo era especial. Para comenzar, fui el único niño varón en mi clase, el único niño hebreo.

Mis raíces hebreas eran obvias por cómo me veía, pero estaba seguro en la casa del Faraón, criado por su hija. El Dios de mis antepasados me tenía misericordia.

Aunque el rey había mandado que todos los bebés varones fueran matados, mi mamá me mandó por el río en una cesta y la hija del Faraón me rescató. Mi hermana, Miriam, me estaba mirando de cerca, tal como siempre le gustaba cuidarme. Luego, por sugerencia de Miriam, mi mamá me pudo amamantar y contarme historias del Dios de Abraham, Isaac y Jacobo, viviendo en el palacio egipcio.

Las historias del Dios hebreo se entremezclaron con la educación y la sabiduría de los egipcios, quienes me entrenaron.

Mi vida fue fácil y bendecida. *"Era poderoso en palabra y en obra"* (Hch. 7:22), pero sabía del dolor y la opresión de mi pueblo, los israelitas. Entonces, cuando tenía como cuarenta años, me sentí listo. Llevaba toda mi vida como adulto sabiendo que fui salvo por un propósito especial: salvar el pueblo de Dios. Y estaba listo para cumplir mi llamado. *"Yo lo haré," pensé.*

Así que cuando decidí visitar a mi gente, y vi a uno de ellos siendo maltratado por un egipcio, actué a su defensa y maté al egipcio.

Me sentí seguro de que, al vengar a ese israelita, la gente se daría cuenta de que Dios me estaba usando para rescatarla (Hch. 7:25). Lamentablemente, no fue así.

Al siguiente día, unos israelitas estuvieron peleando y traté de interceder. Lo que hice el día anterior me salió al contrario de lo que anticipaba, y rechazaron mi liderazgo.

Abatido y desanimado, hui a Madián donde viví como extranjero, me casé y tuve dos hijos. Me quedé en Madián cuarenta años, trabajando como pastor, así que tuve mucho tiempo para reflexionar sobre lo que había hecho mal en Egipto."

Moisés conoce al YO SOY

Para la lección de esta semana, vamos a retomar la historia de Moisés en Éxodo 3. Moisés tiene como ochenta años y sigue viviendo en Madián. Sabía del Dios hebreo, pero había huido de Él y no lo conocía personalmente... aún. Como otros israelitas, puede que se preocupaba de que su clamor no fue escuchado.

Lee Éxodo 3 una vez para familiarizarte con la historia. Luego lee el capítulo nuevamente, contestando las siguientes preguntas:

¿Qué vio Moisés y por qué fue a ver (Éx. 3:2-3)?

¿Qué dijo Dios sobre el lugar donde Moisés estaba parado? ¿Y cuál es el significado de por qué llamó así a ese lugar (Éx. 3:5)?

¿Quién dice Dios que es en Éxodo 3:6? ¿Y cómo reacciona Moisés?

¿Por qué crees que Moisés reaccionó de esa forma (Éx. 3:6)?

¿Qué aprendemos de Dios en Su interacción con Moisés en los primeros seis versículos de Éxodo 3?

Una de las cosas que más me ha llamado la atención es el hecho de que Dios no se reveló, ni a sí mismo, ni Su identidad, ni Su propósito, hasta que Moisés fue a ver. ¿Por qué crees que Dios estaba esperando a que Moisés tomara la iniciativa?

Siguiendo en Éxodo 3:7-8, aprendemos aspectos de la naturaleza eterna de Dios: quién es y qué hace.

> ⁷ Pero el SEÑOR siguió diciendo: —Ciertamente he visto la opresión que sufre mi pueblo en Egipto. Los he escuchado quejarse de sus capataces, y conozco bien sus penurias. ⁸ Así que he descendido para librarlos del poder de los egipcios y sacarlos de ese país, para llevarlos a una tierra buena y espaciosa, tierra donde abundan la leche y la miel. Me refiero al país de los cananeos, hititas, amorreos, ferezeos, heveos y jebuseos.

Usando esos dos versículos, haz una lista de las cinco frases verbales que revelan quién es Dios o lo que Él hace. (Pista: En versículo 8, el "he descendido" tiene dos propósitos o frases verbales.)

¿Han cambiado esas cinco características de Dios? _____ ¿Crees eso de verdad? _____

El Dios que es y que era y que ha de venir vio, oyó, conoció, liberó, y proveyó a los israelitas. Jesús, en la carne, vio, oyó, conoció, liberó, y proveyó de maneras que la gente pudiera experimentar tangiblemente. ¡El YO SOY hoy, sigue viendo, escuchando, conociendo, liberando, y proveyendo! Y nuestro Padre celestial, por toda la eternidad, verá, escuchará, conocerá, liberará, y proveerá. ¡Amén!

¿Cómo has experimentado a Dios viendo, escuchando, conociendo, liberando, y proveyendo? (Puedes escribir la historia en otra hoja de papel o en la sección de Notas/Testimonios al final de este libro. Y cuando estés compartiendo tu historia en el contexto del grupo pequeño con tus Hermanas Rosa de Hierro, puedes escoger cuáles partes compartir. Te invito a hacer un plan para tomar café con unas de las mujeres para compartir después la versión completa de las historias de cada una, también.)

Los siguientes pasos de Moisés con el YO SOY

Tu respuesta a la pregunta anterior es parte de tu testimonio de fe. Y, como con Moisés, Dios tiene algo que quiere que hagas con ese testimonio, más allá de compartirlo con tus Hermanas Rosa de Hierro con una taza de café.

Después de lo que Dios aclara en Éxodo 3:7-9, ¿qué significa eso para Moisés en el versículo 10?

¿Por qué es significativo que Dios espera dar a Moisés su propósito hasta después de que establece Su propia identidad (Éx. 3:6) y declara Su propio propósito (Éx. 3:7-9)?

¿Qué crees que estaba pasando por la mente de Moisés cuando hace su pregunta en Éxodo 3:11? Piensa sobre lo que estaba pasando en ese momento, pero también mantén en mente su historia y sus experiencias pasadas.

¿Cómo responde Dios en Éxodo 3:12? ¿Responde Dios a la pregunta de Moisés directamente? ¿Cómo sí o cómo no lo hace?

¿Y quién les digo que me envió?

Después de que Moisés comienza a aceptar su tarea, él pregunta, *"—Supongamos que me presento ante los israelitas y les digo: "El Dios de sus antepasados me ha enviado a ustedes". ¿Qué les respondo si me preguntan: "¿Y cómo se llama?""* (Éx. 3:13).

Escribe los versículos 14 y 15 de Éxodo 3. Presta atención a cuáles palabras y letras están en mayúscula.

A lo largo del libro de Génesis, hemos visto a Dios revelarse a Su pueblo escogido. Llega a ser conocido como el Dios de Abraham, Isaac, y Jacob, pero hasta el momento, no es conocido por un nombre específico. En las próximas lecciones, exploraremos más de lo que YO SOY significa en el idioma original y para nosotras hoy, tal como se declara el mismo YO SOY.

Otra manera en la que el YO SOY afirma quién es Él es y Su propósito es a través de las promesas de acompañamiento (Éx. 3:12) y provisión (Éx. 3:21-22). ¿Dónde vemos la misma promesa en otros pasajes de la Biblia?

¿Hay algo más que podemos aprender de Dios en Éxodo capítulo 3?

Dudas y temores

Ahora continuamos con Éxodo 4. Vamos a seguir un patrón de estudio similar a lo que hicimos en Éxodo 3: Lee el capítulo completo y luego contestaremos a unas preguntas.

¿Cómo comienza Éxodo 4? ¿Qué está pasando en la mente de Moisés?

Después de las afirmaciones y señales que Dios pacientemente da a Moisés en Éxodo 4:2-9, ¿qué pasa en el versículo 10?

¿Cómo reacciona Dios a las excusas de Moisés?

¿A quién más responde Dios de una manera similar (otras historias en la Biblia)?

La ironía de Éxodo 4:14 es que Dios ofrece apoyo a Moisés, aún después de estar enojado y frustrado con él. ¿Qué nos enseña sobre el carácter de Dios?

Siguiendo el resto de la historia en Éxodo 4, vemos que Dios usó a Moisés y a Aarón como Sus instrumentos por los que otros lleguen a conocer al YO SOY. Su testimonio de fe llegó a ser una invitación... *"con lo que el pueblo creyó..."* (Éx. 4:31).

Sin embargo, su fe vacilaba. Y Dios sabía que tendría que repetir Su promesa de liberación una y otra vez por Sus diferentes nombres. Vemos eso con Moisés y los israelitas unos pocos capítulos después (Éx. 6:1-12) y la historia se repite a lo largo de la Biblia, y en nuestras propias vidas. ¡Me encanta poder clamar a los diferentes nombres de Dios como recordatorio de Sus promesas y provisión!

Los "muchos lados" de Dios

Durante una visita de Navidad, mi sobrina (quien tenía tres años en ese tiempo) había escogido nuestros asientos asignados en la mesa para poder sentarse en cada comida al lado de "Aunt M" (lo que mis sobrinos me llaman; significa Tía M). Su hermano mayor estaba listo para tomar su turno para sentarse con Aunt M, así que se plantó en la silla de su hermana para la cena esa noche.

Mi hermana afirmó que era justo permitir que mi sobrino tomara su turno, pero mi sobrina no estaba contenta con ese cambio. Sabiamente buscando un arreglo, ya moviendo algunas sillas alrededor de la mesa, mi hermana dijo, "Tengo una idea." Y luego preguntó a su hija, "¿Cuántos lados tiene Aunt M?"

Pausando para contemplar su respuesta, con una mirada pensativa en su cara, mi sobrina pronunció con orgullo, "Muchos lados."

Sorprendida por su respuesta y la verdad que expresó, cada uno de nosotros quedamos con la reflexión sobre la perspectiva limitada de los dos lados donde mis sobrinos pudieran sentarse. Sin poder aguantar mi risa, rápidamente respondí (en español, por supuesto), "Tienes toda la razón, Zeni. Aunt M tiene muchos lados."

Zeni estaba 100% correcta. No soy una caja que tiene lados. Ni siquiera soy un círculo sin fin, aunque "redonda" mejor me describe que cuadrada.

La perspectiva de una niña de tres años sobre mis "muchos lados" inspiró una fe de niños en los lados infinitos del YO SOY.

> *El YO SOY es infinito en Sus cualidades, eterno en Su naturaleza.*

¿Qué pasa cuando ponemos a Dios en una caja y limitamos Sus "muchos lados"?

Dificultades en la vida, dudas, temores, y mis propias limitaciones ponen tensión en mi fe porque estoy enfocada en mí misma. Pierdo la vista en Dios. Y cuando mi fe tambalea, limito al YO SOY.

En contraste, ¿qué pasa cuando expandimos nuestro pensar y nos permitimos que Dios sea todo lo que Él *ya* es como el YO SOY, quien es y quien era y quien siempre será?

El Dios sin límite

Enumera tres cosas que usamos para limitar a Dios (ejemplo: el tiempo).

La existencia de Dios suplanta cualquier obstáculo o limitación que le ponemos.

> *El YO SOY está en TODO, ante TODO, más allá de TODO, en medio de TODO; Él ES TODO, El YO SOY.*

Su misma existencia, como afirmaremos en los demás capítulos, es omnipresente (Sal. 139:7-12), omnisciente (Sal. 139:1-6), y omnipotente (Sal. 147:4-5). Cada una de esas cualidades eternas son en las que podemos depender, confiar, y creer con certeza absoluta.

¿Qué aprendemos de los siguientes pasajes sobre el YO SOY?

Malaquías 3:6/Santiago 1:17

Hebreos 13:8

¿Qué significa "si Dios nunca cambia"?

¿Por qué pensamos a veces que Dios ha cambiado? ¿Qué es lo que de verdad ha cambiado? (Pista: ¡No es Dios!)

¿Qué pasa en mi vida cuando creo que el YO SOY nunca cambia?

Haz una lista de los nombres y descripciones del YO SOY y Su naturaleza eterna según los siguientes versículos en Apocalipsis.

Apocalipsis 1:8, 17

Apocalipsis 21:6

Apocalipsis 22:13

Alfa y Omega, Primero y Último, Principio y Fin

Cuando enfrentamos un nuevo comienzo, no tenemos ni idea de cómo se va a ver al final. Podemos soñar con lo que esperamos que llegue a ser. Podemos planificar y fijar metas hacia lo que consideramos un fin alcanzable.

Sin embargo, cosas inesperadas surgen por el camino. No estamos en control. El cambio es una constante. Y siempre son una posibilidad las interrupciones.

Pero a Dios no le sorprenden ninguno de esos desvíos. Para Él, no son desvíos. Al contrario, son una parte de tu historia y parte del camino.

Dios es el Alfa y la Omega, el Primero y el Último, el Principio y el Fin (Apoc. 22:13). Él va delante y detrás nuestro y nos rodea (Sal. 125:2).

Dios es la fuente de la vida y el conquistador de la muerte (1 Cor. 15:55). Es la raíz y la descendencia de David (Apoc. 22:16).

Él que es y que era y que ha de venir no se puede alterar.

> *El Alfa y la Omega son la primera y la última letra del alfabeto griego. El YO SOY es el Autor de todo.*
>
> *El Primero y el Último implica que hay un orden. El YO SOY está en control de todo.*
>
> *El Principio y el Fin ilustra una cronología. El YO SOY Creador sabe cuándo y cómo las cosas van a pasar.*

¡Qué bendición poder confiar en el YO SOY, el que es, que era, y que ha de venir! Toma un momento para reflexionar sobre lo que significa que Dios no sólo estaba allí en el principio, pero que Él *es* el principio. Sin Su existencia, nada existe, existía, ni existirá.

Reflexión: Cuando contemplo la naturaleza eterna de Dios, ¿se me hace más fácil confiar en el YO SOY con todo aspecto de mi vida?

Confiando en la autoridad y el tiempo del YO SOY

Parte del camino de Moisés hacia el creer era una invitación a confiar...

Volviendo a Éxodo 3 y 4, ¿sobre qué demuestra autoridad el YO SOY?

¿Tiene todavía el YO SOY la autoridad sobre esas mismas cosas hoy? Da unos ejemplos.

Según 2 Pedro 3:8-9, ¿cómo ve Dios el tiempo?

Como se resaltó en la historia de Moisés al principio de este capítulo, no fue cuando Moisés se sintió listo, poderoso en palabra y en obra, que Dios le usó (ve Hch. 7:20-38). Dejó de confiar en el tiempo de Dios. ¿Soy la única que se identifica con ese tipo de problema de confiar?

Si invitáramos a Moisés para una entrevista y le preguntáramos sobre el resto de su historia, creo que posiblemente hubiera sido algo así:

Aprendí varias cosas a través de mis encuentros con el YO SOY, desde el momento en que le conocí en la zarza ardiente:

> *Dios tenía un plan para mi vida, pero yo lo había tomado en mis propias manos. Lo traté de forzar a mi manera y en mi momento (lo que pasó en Egipto a la edad de 40 años).*

> *Dios no me quería usar cuando era joven, "poderoso en palabra y en obra," sino cuando ya era mayor, más humilde, y que tartamudeaba. Pregunta a cualquier otro hombre de 80 años; la edad tiene su manera de humillarnos.*

> *Dios esperó hasta que yo dejé de tratar de controlar cómo Él salvaría a Su pueblo para que Él me pudiera usar nada más como instrumento en Sus manos. Me dio el honor de ser parte de la sombra de los conceptos de rescate y redención a ser cumplidos luego cuando el YO SOY se encarnó.*

Ojalá hubiera seguido creyendo que el YO SOY sabía lo mejor y que definitivamente estaba en control. Desafortunadamente, siempre luché con tomar las cosas en mis propias manos nuevamente, especialmente cuando la gente se quejaba y murmuraba.

Y pagué alto precio por no dejarlo en manos de Dios, por no confiar en Él y Su plan. Le pegué a la roca dos veces, en vez de hablarle (Núm. 20:1-14). Al tomarlo en mis propias manos, rechacé a Dios y no pude entrar en la tierra prometida.

Y aunque nunca llegué a pisar la tierra prometida de Canaán, la gracia de Dios es grande y puedo probar la bondad de Dios y la belleza de la eterna tierra prometida.

> *Espero que otros puedan aprender de mis fallas y mi testimonio de fe... Que siempre confíes plenamente en el YO SOY, el que es y que era y que ha de venir.*

¿Qué has aprendido a través de tus encuentros con el YO SOY? ¿Cómo crees que cambiarían tus respuestas en diferentes puntos de tu vida? Imagínate responder a esa pregunta a los 20, 40, y 80 años.

Me maravillo al darme cuenta que, aunque nuestro entendimiento del YO SOY cambia con el tiempo, Él jamás cambia. Jesús es el mismo ayer, hoy, y siempre. El YO SOY es Él que es y que era y que ha de venir. **Nuestra perspectiva es limitada. Nuestro Dios es sin límite.**

Mientras crecemos y profundizamos nuestra fe en el YO SOY, espero que podamos confiar y ver las cosas desde la perspectiva eterna e ilimitada del YO SOY. Como aprendió Moisés, la manera de Dios es la mejor, y Él siempre sabe de lo que está hablando.

Elementos Comunes

Los Elementos Comunes para esta semana pueden venir de una reflexión sobre la vida de Moisés o la naturaleza eterna del YO SOY. O puede que venga de otra cosa que Dios ha puesto en tu corazón o en tu mente al caminar con Él.

Reconozco que posiblemente te sientas vulnerable al escribir estas cosas en papel, pero el YO SOY ya lo sabe. Él anhela que vengamos a Él con las dudas y los temores. Y tal como hizo con Moisés, y muchos otros cuyos testimonios de fe compartiremos, Dios es paciente para contestarnos y recordarnos de Sus verdades, especialmente Sus promesas de que siempre estará con nosotros. **¿Te acuerdas? El YO SOY es Él que es y que era y que ha de venir. No va para ninguna parte. ¡Y esa Verdad no ha cambiado!**

También ha provisto a Hermanas Rosa de Hierro con las que puedes compartir este camino de fe profunda en el YO SOY. Satanás quiere aislarnos y hacernos pensar que estamos solas en las luchas o las dudas. Pero, cuando traemos esas cosas a la luz, el acusador pierde su poder sobre nosotras y la Luz eterna del YO SOY nos da esperanza y consuelo.

Un nombre o característica del YO SOY en el que quieres **crecer o florecer**.

Eliminando la **espina** de una perspectiva errada o enfoque distraído.

Maneras en las que una Hermana Rosa de Hierro puede servir como **hierro afilando a hierro** y animarte a **profundizar** tu relación con el YO SOY:

Un mensaje de esperanza, una palabra animadora, o un versículo bíblico que te recuerda del YO SOY.

Ejercicio adicional: Puedes también usar los Elementos Comunes como manera de procesar cómo Moisés hubiera respondido en diferentes puntos de su vida. ¿En qué manera hubiera querido crecer o florecer? ¿Cuál era su espina? ¿Necesitaba que otros le recordaran del YO SOY, personas que sirvieron como hierro afilando a hierro en su vida?

Fecha: _____

Capítulo 3

No "¿quién soy yo?" sino quién el YO SOY es.

—YO SOY EL QUE SOY —respondió Dios a Moisés—. Y esto es lo que tienes que decirles a los israelitas: "YO SOY me ha enviado a ustedes".
Además, Dios le dijo a Moisés:
—Diles esto a los israelitas: "El Señor, el Dios de sus antepasados, el Dios de Abraham, de Isaac y de Jacob, me ha enviado a ustedes. Este es mi nombre eterno; este es mi nombre por todas las generaciones". (Éx. 3:14-15)

Al leer el título de este capítulo puedes pensar que soy autora inteligente o incompetente. No puedo tomar crédito por la ingenuidad de tal juego de palabras. Dios, por Su nombre y Su naturaleza, desafía las reglas gramaticales y supera nuestro entendimiento del mundo cuando tratamos de comprenderlo.

Mi amiga Katie cuenta una historia de cuando su hija mayor tenía como cinco años. "Mami, sé de Jesús y sé de Dios. ¿Quién es el Señor?" Katie se rio y dijo, "¡Anda y pregunta a tu papá!" Luego, ella sí se tomó el tiempo para explicar algunos de los nombres y características de Dios a su hija curiosa. Esos conceptos pueden ser difíciles para comprender sin importar la edad o el nivel de estudio.

Si te sientes abrumada por la naturaleza incomprensible de nuestro Dios eterno, espero que esto sea un descubrimiento maravilloso y no una fuente de frustración. El YO SOY no es ni una ilusión ni un espejismo. El hecho de que no podemos comprender totalmente al YO SOY es gran parte del misterio maravilloso que se revela. Personalmente, estoy agradecida de que Él es más allá de mi comprensión. ¡Es lo que le hace Dios!

> *«Porque mis pensamientos no son los de ustedes, ni sus caminos son los míos— afirma el Señor—. Mis caminos y mis pensamientos son más altos que los de ustedes;* (Is. 55:8-9)

Al llegar a conocer al YO SOY y esforzarnos por fijar la mirada en Él, vale la pena obtener un entendimiento básico de Su nombre y del origen de Su nombre por lo que estos revelan.

El lenguaje de la época

En mis estudios del YO SOY, he profundizado en los mundos lingüísticos del hebreo y griego para capturar mejor el significado del nombre de Dios. Y aunque podría expresar mi pasión académica en la lingüística y extender esta sección para un libro completo, les prometo mantener el descubrimiento del nombre de Dios a las facetas relevantes de nuestro estudio.

Los idiomas revelan matices sobre la cultura y el contexto. Las palabras son los lentes por los que adquirimos entendimiento. Aun cuando no hablamos el mismo idioma, buscamos pistas que nos traen una conexión o comunidad, verdades universales que aplican a toda persona. Y por Su nombre, Dios revela quién es el YO SOY de tal forma que ilumina muchas de las verdades universales y maravillosas que trascienden cualquier limitación cultural, lingüística, temporal u otra.

Unos datos para mantener en mente:

- El Antiguo Testamento fue escrito principalmente en hebreo con algunas porciones en arameo.
- El Nuevo Testamento fue escrito en el griego koiné (plebeyo).
- La traducción del Antiguo Testamento al griego se llama la Septuaginta (o LXX por la tradición de que había 70 o 72 eruditos hebreos que se dedicaron a la integridad de la traducción). Fue escrita en el segundo o tercer siglo antes de Cristo. Se cita mucho en el Nuevo Testamento.
- Como Hijo de Dios, sabemos que Jesús pudo haber hablado cualquier idioma que quisiera. Sin embargo, el arameo era el lenguaje principal que hablaría en casa. Se cree que pudo haber leído y hablado el hebreo (el lenguaje académico), y también al menos el griego básico (el lenguaje de comercio y más universal del imperio romano, dominante en ese tiempo). Y quizás hasta el latín dado que el pueblo donde vivía como niño quedaba cerca de una gran ciudad romana, Tiberio.

Estas referencias a los lenguajes de la época nos permitirán obtener un entendimiento más profundo del significado de los nombres y descripciones que se presentan a lo largo de la Biblia.

El hebreo "YO SOY"

A veces un idioma expresa mejor un concepto que otro idioma. Y no toda lengua está estructurada de la misma forma. **Un aspecto especial del hebreo es que el nombre propio de Dios jamás se podía ni se debería pronunciar.**

El idioma hebreo no tiene "vocales" como tal (a, e, i, o, u). Las consonantes son la fundación de las palabras. La mayoría de las palabras hebreas son construidas por una raíz de tres consonantes. Vocales, voz y tallos derivados (no existe el tiempo), se reflejan por signos diacríticos (notas pequeñas arriba y debajo de la letra). Los acentos ortográficos (´) y las tildes (de la ñ) son diacríticos. Designan dónde cae el acento en la pronunciación y puede cambiar el significado. Ejemplo: término (un período de tiempo) o terminó (él o ella completó algo en el pasado). Pero volveremos al hebreo...

Mira abajo al nombre de Moisés y notarás los puntos arriba y debajo de las tres consonantes. Son las indicaciones de "vocales" y te dice cómo pronunciar la palabra, *Mosheh*.

מֹשֶׁה

Moisés

יהוה

La segunda imagen es de las cuatro consonantes del nombre de Dios, "YHVH," conocidas como el Tetragrama (significa cuatro letras). No tiene puntos diacríticos, así que no hay manera de saber hoy cómo se pronunciaba. Y los judíos nunca trataban de pronunciar Su nombre por reverencia.

YHVH es el nombre propio de Dios. Su raíz es el verbo hebreo *hayah* o *havah*, que tienen las mismas consonantes como base, y significa "ser, llegar a ser, realizarse, existir."

Pero con YHVH, estamos hablando de una existencia eterna, un ser completo. Sin Él, la vida dejaría de existir, nada más sería o llegaría a ser. Y de la misma manera que el hebreo no refleja el tiempo de los verbos, el YO SOY no está limitado por el tiempo.

Dado que la raíz hebrea del nombre del YO SOY, YHVH, es el verbo "ser o existir," podemos decir que Él es, siempre es, era, ha sido, y será.

> *La incomprensibilidad de Su nombre refleja la naturaleza infinita de Su propia existencia, sin limitación de tiempo, espacio, ni cualquier otra dimensión que usamos para definir las cosas.*

Por eso, cuando vemos YHVH traducido al español, vemos variaciones entre, "YO SOY EL QUE SOY" y "YO SERÉ EL QUE SERÉ" (Ex. 3:14-15).

Además, una acomodación al español, el nombre Yahvé o Jehová viene al combinar las consonantes hebreas del nombre propio de Dios YHVH y las vocales de *Adonai*, que significa amo, dueño, o señor. *Adonai*, traducido como Señor (con sólo la S mayúscula), es diferente a SEÑOR, la traducción moderna o representación de YHVH o el YO SOY.

Un ejemplo del Salmo 8:1 (LBLA).

¡Oh SEÑOR, Señor nuestro, cuán glorioso es tu nombre en toda la tierra, que has desplegado tu gloria sobre los cielos!

Nota las mayúsculas de SEÑOR (Yahvé), versus Señor (Adonai), aún si las letras "eñor" son más pequeñas que la "S." Me gusta pensar en el nombre propio SEÑOR como paralelo al Tetragrama (las cuatro letras, YHVH). ¡Significa mucho más de lo que esas cuatro (en hebreo) o las cinco (en español) letras representan!

¡Gracias por quedarte conmigo para esta lección breve sobre el origen hebreo del nombre de Dios! Toma un momento para respirar, estirar las piernas, y dejar que el cerebro lo capte un poco. Puedes volver a leerlo las veces que quieras. Llevo años tratando de comprender estos conceptos y todavía me falta más por aprender. Puedes usar esto como referencia en el futuro; y exploraremos más sobre la aplicación de estos conceptos en los demás capítulos.

El "YO SOY" griego

Puede que también estés diciendo, así como los griegos dicen como broma a los turistas que visitan su país, "¡Todo me suena a griego!" Simplificaremos el aspecto griego de lo que descubriremos sobre el YO SOY, así que acompáñame un tiempito más. Hay algunas verdades maravillosas adicionales que revelaremos del YO SOY, YHVH, Yahvé, Jehová, SEÑOR.

Aquí está lo que necesitas saber:

➤ YO SOY o YHVH del hebreo se traducía *"egō eimi"* en la Septuaginta (traducción griega del Antiguo Testamento).

➤ Jesús usaba la misma frase, citada por Juan, *"egō eimi."*

➤ Al usar esa misma frase, Jesús proclamaba igualdad con YHVH, una declaración de blasfemia en los oídos de los líderes judíos.

➤ Hay paralelos definitivos en origen, significado, nombre, título, y función entre lo siguiente:

o YO SOY (Antiguo y Nuevo Testamentos)

o YHVH (hebreo transliterado a letras del español)

o egō eimi (griego transliterado a letras del español)

o Yahvé

o SEÑOR (todas mayúsculas)

o Jehová (menos preferido porque es lo más retirado de la traducción original)

Por lo tanto, cuando vemos los nombres de Dios que describen Sus funciones, papeles, o manifestaciones, **la esencia y la raíz de cada una de Sus características es Su Presencia eterna, Su Ser,** Él es Quien es y Quien era y Quien ha de venir, La Existencia, La Vida, El YO SOY.

¿Qué has aprendido sobre el YO SOY, YHVH, Yahvé, Jehová, SEÑOR, de esta breve lección sobre los idiomas del hebreo y el griego a cómo se relacionan al nombre de Dios?

De los Elementos Comunes: ¿Cuál es un nombre o característica del YO SOY en el que quieres que **crezca o florezca** tu fe?

"¿Quién soy yo?" versus quién el YO SOY es

¿Notaste cómo se expresa el "YO SOY" en griego? *Egō eimi.* ¿Reconoces esa primera palabra?

"Ego"... "Yo"... Pero ¿de cuál "yo" estamos hablando?

Es súper fácil caer en la trampa de hacer a uno mismo el centro de todo. El acusador, Satanás, es engañador en sus esfuerzos para hacernos caer de la manera que se pueda. Desde Eva hasta el final de la historia en Apocalipsis, vemos cómo él trabaja.

¿Qué historia específica de la Biblia te viene a la mente en la que Satanás tentó a alguien con un enfoque en uno mismo en vez de en Dios?

🌹 ¿Cómo trabaja Satanás hoy día para distraernos con un enfoque en uno mismo?

🌹 ¿Qué pasa cuando Dios se revela en las historias de la Biblia o en las historias de nuestras propias vidas?

¡Nos encanta cuando el YO SOY se revela en maneras que sólo Él puede! Esas historias que dan gloria a Dios son testimonios poderosos de fe en el YO SOY.

Así como en la historia de Sadrac, Mesac, y Abednego,

> **Nuestra fe no puede depender de que el YO SOY aparezca tal como queremos ni cuando queremos.**

Además, el YO SOY ya está allí... "YO *ya* SOY."

[16] Sadrac, Mesac y Abednego le respondieron a Nabucodonosor:

—¡No hace falta que nos defendamos ante Su Majestad! [17] Si se nos arroja al horno en llamas, el Dios al que servimos puede librarnos del horno y de las manos de Su Majestad. [18] **Pero, aun si nuestro Dios no lo hace así**, *sepa usted que no honraremos a sus dioses ni adoraremos a su estatua.* (Dan. 3:16-18, NVI, énfasis mío)

No se trata de ti de todos modos

Ya por lo que vieron en las historias que he contado sobre mí, es fácil para cualquier persona caer en la trampa de enfocarse en uno mismo. Cuando Dios suavemente me recordó que "YO SOY, YO *ya*

SOY" está a cargo, me di cuenta que había perdido la perspectiva sobre quién era el YO SOY o lo que Él podía hacer a través de mí, o más significativo aún, lo que podía hacer sin mí. Nada dependía de mí. "YO *ya* SOY" estaba en control. La pequeñita "yo" no.

Me recuerda de otra mujer que necesitaba un recordatorio de Quién se trataba (pista: ¡no ella!). Mardoqueo le dijo a Ester,

> «*Si ahora te quedas absolutamente callada, de otra parte vendrán el alivio y la liberación para los judíos, pero tú y la familia de tu padre perecerán. ¡Quién sabe si no has llegado al trono precisamente para un momento como este!*»
> (Ester 4:14)

En otras palabras, cuando Ester quería decir que no lo podía hacer, **Mardoqueo le recordó que el YO SOY puede hacer y hará lo que necesita hacer, aún si escoges dejar que Él no te use. ¡De todos modos, no se trata de ti!** Dios es mucho más grande que eso (Ef. 3:20-21).

Yo no puedo. El YO SOY sí puede, podrá y ya pudo.

Yo no soy suficientemente _____. El YO SOY *ya* es más que suficiente en toda área.

Ester estaba enfocada en sus temores, en sus fallas, en sus espinas, en sí misma...

De los Elementos Comunes: ¿Cuál **espina** en tu propia vida se necesita eliminar?

De extraordinario a ordinario

Job también había perdido la perspectiva sobre quién era Dios. Quizás le mencionaste en tu respuesta a la pregunta en una sección anterior. Satanás reveló mucha maldad en sus artimañas con Job.

Acompáñame al libro de Job para explorar el testimonio de fe de Job como el ejemplo con el que cerraremos el capítulo: cómo el YO SOY se revela en medio de las circunstancias de Job. Lee Job 1 y refresquemos la memoria sobre su historia.

¿Qué hizo que Job fuera una persona extraordinaria (Job 1:1-8)?

Satanás vio cuán extraordinario era Job y no le gustó. Propuso que el temor que Job tenía a Dios y la falta de maldad eran sólo porque Dios le había bendecido mucho. Otra manera de expresar la acusación del acusador es, "Claro que Job te adora. Le diste una vida extraordinaria. Pero ¿puedo hacer que sea nada más ordinario para ver si sigue pensando que Tú eres tan maravilloso?"

Cuando Job pierde todos sus bienes y sus hijos se le mueren el mismo día (Job 1:13-19), Job no maldijo a Dios ni murió, como la esposa le recomendó. **Job dejó que Dios fuera el extraordinario, no él mismo.** ¡Qué tremendo testimonio de fe!

¿Cómo se refiere Job a Dios en Job 1:21? Presta atención a las letras mayúsculas y minúsculas.

Después de que el adversario (Satanás) ataca la salud de Job, ¿cómo responde Job a su esposa en Job 2:10?

El nombre que Job usa para hacer referencia a Dios es *Elohim*, en la versión original del hebreo. Es la primera palabra o el primer nombre que vemos para describir a Dios en Génesis. Significa

Todopoderoso, muy apropiado para el Creador de los cielos y la tierra, ¿no?

¿Qué hay en un nombre?

Aunque *Elohim*/Todopoderoso es una característica eterna, no es Su nombre. Yo soy una hermana, una tía, una hija, extrovertida, habladora... pero ninguno de esos es mi nombre: Michelle.

Rosa tampoco es mi nombre, aunque muchas personas me llaman "Rosa" por el nombre del Ministerio Hermana Rosa de Hierro. Es cómico cuando piensan que mi apellido es "de Hierro" también, pero no lo hablaremos ahora... No les corrijo en llamarme "Rosa" porque, aunque no es mi nombre propio, sí es una característica que espero encarnar: ser tan bella como rosa, a pesar de las espinas.

Elohim es una característica o descripción. YO SOY es Su nombre propio. Cuando una persona ya tiene nombre, podemos relacionarnos con ella y aprender más sobre ella. Aunque Todopoderoso es Su característica eterna, no es Su nombre. YHVH o SEÑOR lo es. **En el momento del sufrimiento de Job, él hace la transición desde el YO SOY o YHVH que estaba presente con él hacia lo que *Elohim*, el carácter Todopoderoso permitió pasar, creando una cierta distancia.**

> *Job no entiende, pero decide confiar y creer, hasta cuando se siente solo.*

El YO SOY sigue presente con Job en su duelo. No obstante, puede que YHVH no esté presente físicamente con hombros para llorar o manos para tomar, Él nunca dejó ni abandonó a Job (Job 23:8-10), las mismas promesas que tenemos hoy (Mt. 28:18-20). Tenemos a Su Espíritu morando en los que creen y que han nacido de nuevo para andar en nueva vida (Hch. 2:38). No solamente es una bendición para nosotros directamente, más también es una bendición para otros cuando nuestra presencia representa la Presencia del YO SOY en sus vidas (2 Cor. 3:3).

La presencia humana radical versus palabras baratas

¿Cómo respondieron los amigos de Job y su situación en Job 2:11-13?

> *Podemos servir como encarnaciones o representantes de la Presencia del YO SOY en las vidas de otros. Es cuando abrimos nuestras bocas, como hicieron los amigos de Job, que fallamos.*

Job y sus amigos pasaron los siguientes 34 capítulos expresando sus frustraciones, duelo, preguntas, confusión, dudas, y falta de fe.

En los discursos de los amigos de Job, vemos que querían que Job se enfocara en lo que ellos pensaban que él había hecho mal para rectificar su situación con Dios. Dejaron de confiar en el YO SOY que ya estaba allí y tenía todo bajo control.

De los Elementos Comunes: ¿Cuáles son unas maneras en las que una Hermana Rosa de Hierro puede servir como **hierro afilando a hierro** y animarte a **profundizar** tu relación con el YO SOY, especialmente durante los momentos difíciles? (Los amigos de Job pueden ser o puede que no sean el mejor ejemplo.)

El YO SOY da a conocer Su Presencia

Después de que todos expresan sus perspectivas y consejos para Job, Dios entra y aclara las cosas. El YO SOY seguía allí, siempre estaba y siempre estará. Job había perdido la vista del SEÑOR en medio de sus circunstancias. **Sus preguntas se enfocaron más en**

"¿quién soy yo para que eso me pase?" en vez de en el **YO SOY** que *ya es*, **en toda circunstancia.** El duelo de Job era real y válido, pero Job había perdido el enfoque en YHVH.

El YO SOY da a conocer Su Presencia y aclara las manifestaciones de Su Presencia por las preguntas que hace a Job. Escribe tres de las preguntas que Dios hace a Job de los capítulos 38-41 en el libro de Job.

> *De la misma forma que Dios no contestó la pregunta "¿Cómo?" de Moisés, Dios no contesta las preguntas "Por qué" de Job. La respuesta siempre es "YO SOY."*

¿Cuáles facetas del carácter del YO SOY necesita recordar Job?

El YO SOY está Presente, justo en dónde estamos

"Padre" es una de las características principales de Dios a las que me he aferrado en diferentes puntos de mi vida para recordarme de Aquel en quien yo creo. "Padre" es a quien miro y a quien quiero señalar a otros. Solía decir que me encanta "Encontrarme con alguien en donde esté y caminar con ella un paso más cerca al Padre." **Sin embargo, es posible que otras de las cualidades eternas del YO SOY se acerquen a las circunstancias actuales de esa persona de una forma más poderosa y presente.**

El YO SOY, YHVH, Yahvé, Jehová, SEÑOR da a conocer a Su Presencia por Su Ser. Su nombre significa "ser," la afirmación de estar "presente." Hasta no se aferró a la gloria que tenía para estar físicamente presente con nosotros (Fil. 2:5-11). **Recuerda: Presente no sólo es una representación de tiempo. El que es y que era y que ha de venir, Alfa y Omega, Primero y Último, Principio y Fin está a cargo.** Presente en todo tiempo y en todo lugar. ¡Amén!

Por lo tanto, a través del crecimiento de mi entendimiento del YO SOY, ahora digo que quiero juntarme con el YO SOY para encontrar a alguien dónde se encuentre y caminar con los dos, juntos.

El nombre del YHVH es una invitación a estar allí con Él. Dios se presenta y dice, "YO *ya* SOY... el YO SOY" y se da a conocer de maneras poderosas y humillantes. Nos encuentra en donde estamos y nos acerca más a Él.

Una última oración de fe

Para la lección de esta semana, es mi oración ferviente que hayas sido bendecida al recordar la Presencia del YO SOY, revelada por Su nombre. Que jamás perdamos la perspectiva de Su nombre como la fundación y la raíz de Su "Ser" así como cada uno de los otros títulos y descripciones, al explorar otros aspectos de Su carácter.

> *El YO SOY, YHVH, Yahvé, Jehová, SEÑOR, en quien creemos, te invita a creer en las manifestaciones y encarnaciones de Su existencia y compartir tus testimonios de fe con otros.*

Miremos al YO SOY (¡Su nombre afirma que está presente!) y creamos en Él, señalando a otros a Él, en vez de mirar a nosotros mismos y dejarnos abrumar por nuestras propias circunstancias.

Para cerrar, te animo a pasar un tiempo en oración sobre el nombre del YO SOY y la perspectiva que ganamos sobre la diferencia entre "¿Quién soy yo?" y "Quién el YO SOY es."

Fecha: _____

CAPÍTULO 4

Si creo que el YO SOY *ya es* _____, entonces yo soy _____.

Jesús hizo muchas otras señales milagrosas en presencia de sus discípulos, las cuales no están registradas en este libro. Pero estas se han escrito para que ustedes crean que Jesús es el Cristo, el Hijo de Dios, y para que al creer en su nombre tengan vida. (Jn. 20:30-31)

Temerosa del lado profundo de la piscina, pero determinada a enorgullecer a su papá, la niña de cuatro años se paró al lado de la piscina, temblando. Temblaba del frío, pero más aún por el temor que amenazaba consumirle. Advertencias de su mamá como "No te acerques a la piscina sin uno de tus padres," resonaba en su mente... Historias de su hermano mayor sobre lo profundo que era el lado hondo de la piscina le recordaron tomar precauciones.

Pasados eran los días en que saltaba en la piscinita de bebés. El día en que casi se ahogó le dejó nerviosa aún para bañarse en la casa.

Sin embargo, después de repetidas afirmaciones de su papá, se sintió lista para brincar. "Mírame y salta hacia mí. No te dejaré caer. No mires al agua. No pienses en más nada. Me conoces. Sabes que no voy a dejar que nada te pase. Te amo, cariño. ¡Lo puedes hacer!"

Una mirada profunda en los ojos del padre le permitió ver su alma y la verdad de sus palabras. La niña cerró sus ojos con mucha fuerza, dobló las rodillas, y saltó.

Chillidos de gozo se escaparon de los labios de la niña al salpicar en los brazos de su papá que le esperaban. **Aún con los ojos cerrados, miró a su padre que nunca dejó de mirar a su hija.**

> *"Cuando levantamos nuestros ojos para mirar a Dios con firmeza, seguramente veremos ojos amistosos mirándonos a nosotros de vuelta."*2 (A. W. Tozer)

¿Es fe verdadera?

¿Qué tal si la niña hubiera respondido, "Te creo papá, pero no voy a brincar"? ¿Le creería de verdad?

Según Santiago 2:19, hasta los demonios creen y tiemblan. ¿Qué pasaría si los demonios fijaran la mirada en Dios en vez de sólo verlo?

¿Cómo se ve ese tipo de fe, la de los demonios? (Los demás versículos en Santiago 2:14-26 informarán tu respuesta.)

Los demonios saben de Dios, pero no Lo conocen. La fe sale de quién es el YO SOY. Mientras más conocemos a Dios, más creemos en

---

[2] A. W. Tozer, *The Pursuit of God* (Chicago: Moody Publishers, 2015), 96.

Él. El YO SOY se revela a lo largo de la Biblia por Sus cualidades eternas y luego por la encarnación, todo con el fin de formar una relación con nosotros.

¿Cómo podía la niña creer en su papá?

Mirar y creer

Una historia poderosa en el libro de Números explica los conceptos de mirar y creer. Lee Números 21:4-9.

¿En qué estaban enfocados los israelitas (Núm. 21:4-5)? En otras palabras, ¿qué no estaban mirando?

Cuando Jesús habla con Nicodemo, se compara a sí mismo con la serpiente de bronce. ¿Cuál es la correlación entre la serpiente de bronce y Jesús (Núm. 21:9b; Jn. 3:14-15)?

Usando esos mimos versículos, ¿qué hicieron los israelitas que ahora nosotros somos llamados a hacer?

Como A.W. Tozer lo señaló en el capítulo, "La mirada del alma," del libro, *La búsqueda de Dios*,

> ...*mirar y creer son términos sinónimos.* "Mirar" a la serpiente del Antiguo Testamento es idéntico a "creer" en el Cristo del Nuevo Testamento. Es decir,

mirar y creer son la misma cosa... Israel miró con ojos externos, el creer se hace con el corazón... la fe es la mirada del alma a un Dios salvador.[3]

¿Qué paralelos ves entre los conceptos de mirar y creer?

El creer se trata del YO SOY a quien miramos, ni en el ojo ni el "yo" que mira. En contraste, la falta de fe pone a uno mismo en donde debería estar Dios.

> *Puedo mirar a donde estoy pisando,*
> *o puedo mirar a Quien guía mis pasos.*
>
> *Puedo enfocarme hacia donde pienso que voy,*
> *o puedo enfocarme en Quien dirige mi vida.*
>
> *Puedo distraerme por las dudas,*
> *o puedo recibir dirección de la Verdad.*
>
> *Puedo ver el problema,*
> *o puedo mirar al que resuelve todo problema.*

De los Elementos Comunes: ¿Cuál es un nombre o característica del YO SOY en el que quieres que **crezca o florezca** tu fe?

---

[3] A. W. Tozer, *The Pursuit of God* (Chicago: Moody Publishers, 2015), 93.

El creer no se trata de ver, sino de mirar

¹⁵ Y cuando el que servía al hombre de Dios se levantó temprano y salió, he aquí que un ejército con caballos y carros rodeaba la ciudad. Y su criado le dijo: ¡Ah, señor mío! ¿Qué haremos? ¹⁶ Y él respondió: No temas, porque los que están con nosotros son más que los que están con ellos. ¹⁷ Eliseo entonces oró, y dijo: Oh SEÑOR, te ruego que abras sus ojos para que vea. Y el SEÑOR abrió los ojos del criado, y miró, y he aquí que el monte estaba lleno de caballos y carros de fuego alrededor de Eliseo. (2 Reyes 6:15-17)

No sabemos si Eliseo podía ver con ojos físicos que el ejército de Dios les rodeaba. Pero sí sabemos que miró con ojos de fe.

¿Te cuesta ver con los ojos de fe? Podemos hacer eco a la oración del padre en Marcos 9:23-24 (LBLA).

²³ Jesús le dijo: ";Cómo si tú puedes?" Todas las cosas son posibles para el que cree. ²⁴ Al instante el padre del muchacho gritó y dijo: Creo; ayúdame en mi incredulidad.

El creer se puede definir como el mirar más allá de lo que vemos. ¿Cómo expresa 2 Corintios 5:7 ese concepto?

La fe es ver lo no visto y creer en Él. Hebreos 11:1 afirma esa definición y luego enumera a quienes cuyos testimonios de fe profesan su fe. Pero es fácil perder ojos de fe cuando nos enfocamos en lo que nuestros ojos físicos ven.

Caminar por fe, no por vista, literalmente

Después de regresar de un viaje a Buenos Aires, Argentina, y Bogotá, Colombia, mi vista estaba tan borrosa que temía perder la vista completamente. Luché con lo que estar ciega implicaría para mí físicamente y mi capacidad de trabajar.

Desesperada y buscando respuestas, visité a un optometrista de segunda generación. Estaba confundido también hasta que descubrió un virus raro en mis córneas. Di gracias a Dios por revelar la razón por mi vista borrosa, pero en los días siguientes, seguía luchando: Mi vista y mi pronóstico seguían no claros.

Finalmente, mientras mi vista se mejoraba, los ojos se me fatigaban y me costaba ver las cosas en detalle, especialmente para leer.

Mucho de lo que hago en la vida y en el ministerio depende de la vista. No importa lo buena que sea para escribir a máquina, necesito poder revisar lo que he escrito: sea para el blog, una tarjeta de agradecimiento, o el nuevo libro en el cual debería estar trabajando.

Hay mucho valor en la Palabra atesorada en mi corazón, pero no podía leer ni estudiar la Biblia, ni para una reflexión devocional ni en preparación para el siguiente libro.

Luchaba con sentimientos de culpa y frustración, principalmente porque, nuevamente, estaba dependiendo de mis propias fuerzas. Dios me recordó, literalmente, que debo caminar por fe y no por vista.

¿En qué maneras estás dependiendo de tus propias capacidades o fuerzas, "tu vista," en vez de caminar por fe?

De los Elementos Comunes: ¿Qué **espina** está cegando tus ojos de fe?

Los ojos de fe

Lee la historia del hombre que nació ciego en Juan 9.

Según los discípulos, ¿cómo veían al hombre que nació ciego (Jn. 9:1-2)?

¿Cómo veía Jesús al hombre que nació ciego (Jn. 9:3-5)?

¿Cómo veía el hombre que nació ciego a Jesús (Jn. 9:6-12)?

¿Cómo veían los fariseos a Jesús (Jn. 9:13-16)? ¿Cuál lente o filtro usaban para mirarle?

¿Cómo veían la situación los padres del hombre que nació ciego (Jn. 9:18-23)?

¿Cómo veía Jesús a los fariseos (Jn. 9:39-41)?

¿Cuáles ojos estás usando?

El hombre ciego buscó a Jesús más tarde para expresar su fe y adorarle (Jn. 9:35-38). Por su obediencia, lavándose en el estanque de Siloé, el ciego miró con ojos de fe. Los fariseos miraron a Jesús, pero su perspectiva estaba deformada porque miraron por el filtro distorsionado de su propia interpretación de las Escrituras.

Usando ojos de fe, como los del hombre que nació ciego, describe un tiempo en que tus circunstancias se pudieran interpretar de otra manera si no se mirara con ojos de fe. Toma nota de cómo se cuenta la historia por los ojos de fe (mirando por fe al YO SOY) versus la versión contada sin mirar al YO SOY. Nota: ¡Este es otro testimonio de fe!

Cegado por temor o mirando al YO SOY

Es fácil confundirnos o distraernos. Pensamos que estamos viendo las cosas claramente, pero al menos que miremos y creamos en el YO SOY, malinterpretamos las cosas.

Cuando estamos cansados, por ejemplo, la vista nos falla. Perdemos la perspectiva.

> *Temor, desánimo y sentimientos abrumadores nublan nuestro juicio y nos hacen olvidarnos de quién el YO SOY ya es.*

Consumida por temor, una hermana con mala salud explicó la carga de ser "el hilo espiritual que sostenía a su familia..." El temor le había paralizado sin poder hacer nada, pero el último día del año, ella llamó a la iglesia local y pidió oraciones: el primer paso para conquistar el estado de temor en el que vivía. Dando un paso a la vez, ella ya no está sola en su lucha de mirar a Dios quien es mayor que cualquier temor.

De los Elementos Comunes: A veces nos cuesta pedir ayuda. ¿Cuáles son unas maneras en las que una Hermana Rosa de Hierro puede servir como **hierro afilando a hierro** y animarte a **profundizar** tu relación con el YO SOY?

El coraje no es la ausencia de temor, sino es la valentía de tomar un paso adelante a pesar de los temores.

"Aunt M, tengo miedo"

Mi sobrino estaba jugando en el piso con sus carros mientras yo comía mi cena. Estaba comenzando una tormenta y hacía mucho viento. Escuchamos un trueno, pero no había ni relámpago ni lluvia todavía. Las tormentas de ese tipo no son muy típicas en Denver, Colorado, donde vivíamos en ese momento, pero sí en Luisiana donde crecí. Así que comencé a explicar el trueno, el relámpago, y las tormentas de una forma que pudiera entender un niño de dos años y medio.

Kadesh me escuchó un poco, pero prestó atención más a sus carros que a mi explicación... hasta que pasó un tren en el mismo momento que sonó un repique de trueno.

"Aunt M, tengo miedo." Kadesh reunió todos sus carros y cruzó la cocina para sentarse en mis piernas.

"¿Qué te da miedo?"

"El tren."

"Pero te gustan los trenes. ¿Por qué te dio miedo ese tren?"

"Tengo miedo," fue lo único que repitió al acomodarse en mis brazos.

A mí, no me importó de qué tenía miedo ni por qué. No le iba a regañar por tener miedo. Él sabía a dónde ir para ser consolado y yo disfruté su cariño y su confianza.

Esa experiencia me aclaró algo: A veces me castigo o me siento mal por tener miedo. Pero Dios no me regaña por el miedo que tengo. Al contrario, anhela que acuda a Él para calmar mis temores. Le encantan los momentos cuando venimos a Él, nos sentamos en sus piernas, y descansamos en Su pecho, confiando en Él que nos puede proteger de lo que nos da miedo.

Toma un momento hoy para llevar a Dios los temores. No te va a regañar por tus temores, sino que se va a regocijar en el hecho de que permitiste que tu confianza en Él era más grande que tus temores.

A veces tememos al temor. A pesar de todo, **¡el temor nos da la oportunidad de superar nuestros temores al ir a Quien es mayor que todos nuestros temores!**

Cuando confiamos en Dios, Su amor perfecto echa fuera el temor (1 Jn. 4:18). Mirémoslo a Él en vez de mirar a lo que causa el temor.

¿Qué situación temerosa estás enfrentando?

¿Cuál faceta del carácter de Dios habla a esos temores?

¿Qué pasa cuando miramos al YO SOY en vez de enfocarnos en los temores?

Llena el blanco abajo:

Si creo que el YO SOY *ya* es _____, entonces no tengo nada que temer.

Un cambio de perspectiva/Mirar por el lente del YO SOY

Cuando miro al YO SOY y creo...

> - Mi voz de queja se convierte en un espíritu de gratitud al YHVH Proveedor.
> - El gran peso de los problemas de la vida son una oportunidad de entregar ese peso al YHVH Consolador, Padre, y Amigo.
> - El estrés de cualquier situación es un aviso para dejar al YHVH Todopoderoso a cargo y reconocer que mi frustración

sale de mis esfuerzos fútiles de tomar las riendas de Su diseño perfecto.

> La velocidad del carrusel girando me recuerda que el YHVH Señor de los ejércitos puede encargarse de más de un proyecto a la vez.

Escribe tu propia versión de una de las frases anteriores(¡o forma tu propia frase!), transformando una circunstancia actual en un testimonio de fe en el YO SOY.

¿Se puede creer lo que no se sabe? Sí, porque es la definición de la fe. Sin embargo, es más fácil creer cuando sí conozco a Aquel en quien creo. La fe se trata de mirar al Invisible porque es lo que es verdaderamente real, versus perdernos en lo que es visible con los ojos físicos (2 Cor. 4:18).

Y Juan nos da esa invitación: llegar a conocer al YO SOY y, al creer en Él, tener vida en Su nombre (Jn. 20:30-31). **El enfoque principal del libro de Juan se centra en quién es el YO SOY y los testimonios de quienes creyeron en el YO SOY encarnado.**

Resumiendo algunas observaciones de Chuck Swindoll en su comentario sobre el libro de Juan,

"El griego pisteuō, traducido "creer," aparece 98 veces en el evangelio de Juan, múltiples veces por capítulo… El término pisteuō significa "reconocer la verdad como verdad." Además, lo más importante, significa "confiar, depender de, tomar confianza en" algo o alguien. Cuando digo que creo en Jesucristo,

*declaro que confío en Él, dependo de Él, he puesto mi completa confianza en Él; todo lo que sé de esta vida y de lo que ocurre después de la muerte depende de Sus declaraciones de sí mismo y cómo respondo a Su regalo de gracia.*⁴

Creo; ayúdame en mi incredulidad (Mc. 9:24)

Volvamos al libro de Juan, capítulo 1. Haz una lista de los nombres o características de Dios, de YHVH o del YO SOY encarnado (Jesús) que vemos en ese primer capítulo de Juan. (¡Yo encontré 12!)

Escoge dos de los nombres o cualidades de Dios de Juan 1 y describe lo que implica para tu identidad y propósito.

¿Cuáles preguntas se contestan por estas descripciones y explicaciones? Puedes usar el siguiente formato o ponerlo en tus propias palabras.

Si creo que el YO SOY *ya* es _____, entonces yo soy _____.

---

⁴ Charles R. Swindoll, "Insights on John," *Swindoll Living Insights New Testament Commentary, Volume 4* (Carol Stream, Illinois: Tyndale House Publishers, 2014), 9-10.

La fe creciente viene de la práctica continua de mirar al **YO SOY**, ver con Sus ojos, y mirar por Su lente para ver todo desde Su perspectiva.

> *Te miro, ayúdame a superar las distracciones.*
>
> *Te busco, ayúdame a superar mi enfoque egoísta.*
>
> *Confío en Ti, ayúdame a superar mis temores.*
>
> *Creo, ayúdame a superar mi incredulidad.*

Fecha: _____

CAPÍTULO 5

¿Cómo puedes pedirme de beber? El Agua Viva

—Sé que viene el Mesías, al que llaman el Cristo —respondió la mujer—. Cuando él venga nos explicará todas las cosas.

—Ese soy yo, el que habla contigo —le dijo Jesús. (Juan 4:25-26)

¿Quién piensas que eres tú?

Varios dignatarios asistieron a una gran gala formal. Los asistentes a la fiesta excedían el número de invitados que se esperaba en la cocina, pero la cocina estaba bien equipada, a excepción de una pequeña cantidad de mantequilla. El jefe de cocina les dio instrucciones a los meseros para que le dieran a cada invitado sólo un poco de mantequilla, incluso si pedían más. Y dado que algunos no comen mantequilla, deberían tener justo "lo suficiente."

Un mesero inició a servir y se encontró con un caballero entrado en años y su esposa. La esposa preguntó si podía tener un poco más de mantequilla. El mesero respondió amablemente:

"Lo siento señora. Estamos un poco cortos hoy debido a un número inesperado de asistentes y..." Al escuchar que la solicitud de la esposa había sido rechazada, el esposo, cortando al mesero a media oración, se puso de pie y de frente a la cara del mesero.

"Discúlpeme, ¿SABE USTED QUIÉN SOY YO?", preguntó el hombre en un tono condescendiente. El mesero sorprendido retrocedió y de inmediato dijo, "La verdad, no señor, no sé."

El hombre se estiró, acomodó sus hombros, y movió su dedo cerca de la cara del mesero mientras exponía:

"Yo soy el Senador Hernández del mayor estado en la unión. Yo soy la cabeza de este comité, y el presidente de ese comité. Mi familia ha gobernado nuestro estado por décadas. Yo autoricé los fondos para este edificio de gala. Yo me he reunido con líderes de estados extranjeros. Yo he negociado tratados diplomáticos y no deseo que mi esposa sea criticada por un mesero descarriado que se está poniendo arrogante."

Al escuchar este ataque, el mesero pacientemente reunió su coraje y en lugar de ceder ante la intimidación, amablemente dijo:

"Gracias, Senador Hernández, pero tal vez usted no sabe quién soy yo."

El Senador gruñendo y con un tono de burla preguntó, **"¿Quién piensas que eres tú?"**

"Yo soy el hombre con la mantequilla," respondió el mesero, dejando al Senador paralizado mientras se retiraba en silencio para continuar con las mesas que esperaban.

Choque de las clases

El encuentro entre el senador y el mesero se ve en contraste marcado a la conversación entre Jesús y la mujer en el pozo de Juan 4. Sin embargo, la disparidad de posición y estatus conlleva algunos paralelos.

Lee Juan 4:1-30 y haz una lista de lo que sabemos de Jesús y la mujer samaritana. Piensa en sus descripciones y haz una lista de las maneras en que ellos son opuestos en sus círculos respectivos abajo (de cada lado). Luego, encuentra algunas cosas que tienen en común, como el hecho de que los dos tienen sed, y ponlas en el intercruce de los círculos.

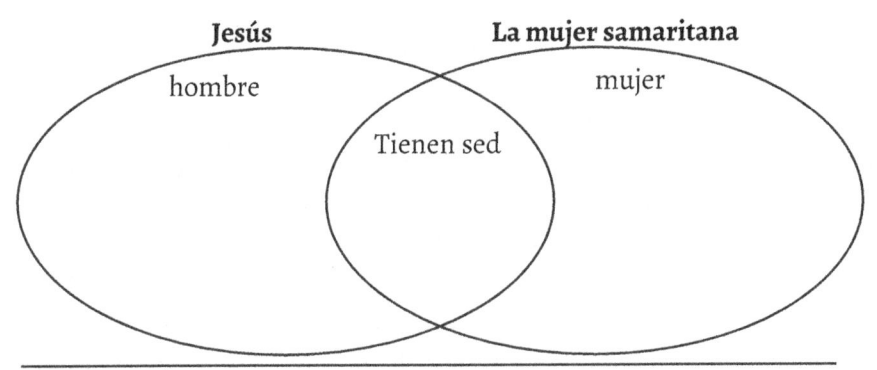

Jesús   **La mujer samaritana**

hombre   mujer

Tienen sed

Motivación mixta

Ahora, revisa toda la historia en Juan 4:1-30 y vamos a hacer algunas observaciones acerca de la conversación.

Yo he visto múltiples interpretaciones de la motivación y reacciones de la mujer. Marca cuáles de las siguientes opciones piensas que describen sus preguntas y respuestas. Siéntete en libertad de seleccionar más de una y tachar cualquiera que piensas que no la describe.

___ atrevida   ___ evitando/desviando

___ con conocimiento   ___ respetuosa

___ confundida   ___ sarcástica

___ curiosa   ___ sincera

___ descarada   ___ sorprendida

___ defensiva   ___ temerosa

___ enfocada en lo físico   ___ otra: _____

Dentro del texto, obtenemos algunas percepciones de las circunstancias de la vida actual de la mujer samaritana, pero pasemos un momento reflexionando en cómo pudo haber sido su pasado. ¿Hay otras palabras que usarías para describir a la mujer y su conversación con Jesús?

No importa cómo veamos a la mujer samaritana, Jesús la vio a través de diferentes lentes a los del pueblo, la misma gente que ella estaba evitando a esa hora del medio día. La perspectiva de Cristo era espiritual; Su enfoque era claro. Al mirar siempre a Su Padre, el YO SOY Agua Viva vio a la mujer por quien ella era: sedienta, sí, pero también un instrumento valioso en el reino de Dios.

> *Jesús usó al "marginado" para alcanzar a más.*

Por lo tanto, la motivación de Jesús estaba clara: "Él tenía que pasar por Samaria" (Juan 4:4). Ella quería esconderse, pero ella no podía escapar de la Presencia y la atención de Dios.

¿Qué dicen los siguientes dos pasajes acerca del YO SOY?

Jeremías 23:23-24

Salmo 139:7-10

¿Alguna vez te has sentido como que fueras una marginada (una persona no vista u olvidada)?

Jesús honró a un buscador que no sabía qué preguntas hacer.

¿Qué características de Jesús responden a las preguntas que la mujer hizo, o aún a las preguntas que no verbalizó, pero que Jesús sabía que ella sí estaba preguntando?

Jesús se ofreció a sí mismo como el Agua Viva; no como el agua estancada en el pozo, sino como agua que trae vida. La Presencia de YHVH se dio a conocer como el cumplimiento de una de nuestras necesidades principales: el agua.

AGUA...

Para esta siguiente sección, quiero pedirte que consigas un vaso con agua para tener contigo mientras lees y estudias. Pausaremos por un momento ocasionalmente para tomarla y reflexionar, pero no bebas nada aún. Sí, es en serio. Esperaré. No te distraigas por la ropa para lavar mientras vas por el agua. Solamente ve a traer un poco de agua. Solamente búscala y regresa. Y no la bebas, por muy tentadora que sea.

Agua, agua, por todos lados, pero ni una gota para beber

¡Bienvenida de vuelta! Gracias por seguirme la corriente al ir por un vaso con agua. Para esta siguiente sección, por favor deja tu agua allí, sin tocar.

Se comparte una adivinanza a los estudiantes de primaria, "Agua, agua, por todos lados pero ni una gota para beber. ¿En dónde estoy?"

La respuesta es el océano. Encerrado en un barco pequeño, un individuo puede morir de sed rodeado por el agua salada del mar.

¿Alguna vez has estado en la playa y después de nadar en el océano, tus labios se sienten agrietados y aun estando mojada, tu boca se siente seca? Cuando finalmente sales del agua para una bebida o un refrigerio, bebes profundamente tu refrescante bebida fría y te sientes refrescada para salir de nuevo.

Todavía no bebas tu agua. Toma un momento y quédate en la playa quemada por el sol. O imagínate en un campamento de verano un día cálido y húmedo, bañada en sudor por los deportes. Tal vez estás en otro país en un día de 38° sin aire acondicionado, sentada bajo un techo de metal, vacilando entre encender o apagar el ventilador porque "encendido" significa que sopla aire caliente, pero "apagado" significa que no hay aire circulando. Sí. He estado allí. Sudando, agotada, horrible. Miserable.

¡Aún no bebas tu agua! Reflexiona en la sed que estás teniendo ahora y la ocasión en la que has tenido más sed en tu vida.

Escribe cómo se siente tener esa sed. ¿Alguna vez has alcanzado un punto en el que estás más allá de esa sed?

Ahora, sigue y bebe un trago lento de agua. Saboréalo y contémplalo.

¿Cómo se sintió? ¿Qué pensamientos vienen a tu mente mientras bebes el agua? Anota algunos de esos pensamientos.

Agua física/Agua viva

Entre las primeras de mi lista de "cosas por las que estoy agradecida," siempre vas a encontrar el agua. Yo bebo mucha agua y soy bendecida al tener acceso a agua limpia. Me encanta poder tomar una ducha caliente y otros aprecian cuando no he tenido que soportar una ducha fría... ¡a menos que sea un día abrasador en Centroamérica, entonces, traigan el agua fría!

Por los tiempos en que he tenido acceso limitado al agua o he tenido que trabajar diligentemente para asegurar que sea segura o limpia, la aprecio aún más.

Nuestros cuerpos necesitan agua; deseamos agua. Sin agua, nuestros cuerpos físicos no pueden funcionar apropiadamente.

Aunque soy lo que en broma llamamos "el buen tipo de gran bebedora," me puedo distraer en lo que estoy trabajando y olvidar detenerme para tomar algo de beber. "Terminaré esta cosa más, y luego iré por una bebida." Un tiempo después, descuidando mi sed, me siento sedienta y seca, incluso débil o hambrienta, todo porque no he tomado suficiente agua.

En ese momento, empiezo a desear diferentes comidas y trato de satisfacer mi sed con una taza de té o un refrigerio, pero lo que realmente necesito es un vaso grande con agua.

Cuando no estoy siendo parte del Agua Viva en una base consistente, me siento espiritualmente sedienta y seca, débil y hambrienta. Y desafortunada y regularmente, descuido regresar a la fuente de Agua Viva que está siempre allí, esperándome. El YO SOY Agua Viva, quien es y quien será, sacia la sed que pueda o no saber que tengo.

Sin el Agua Viva, sufrimos de dishidración espiritual.

El peligro de la deshidratación

Como regla general, conozco a varias personas que se quejan. Debo confesar que en ocasiones yo misma caigo en esa trampa. Cuando los israelitas rogaron por agua, Dios escuchó sus lamentos y dirigió a Moisés a golpear la roca para que saliera agua de ella. Ve a Éxodo 17:1-7 y lee la historia tú misma.

¿En dónde cae la historia de Éxodo 17 en la secuencia de la historia de los israelitas? (¿En dónde han estado y hacia dónde van?)

¿Qué nombre de Dios es utilizado aquí en Éxodo 17? (No te olvides poner atención a las letras mayúsculas.)

¿Desde dónde exactamente Dios dice que el agua vendrá, en dónde está la roca?

¿En dónde más vemos que se menciona este lugar? (pista: Éxodo 3:1,12)

En Éxodo 3:12, ¿Qué dice YHVH que pasará en esa montaña?

Pero, como vemos en Éxodo 17:1-7, ¿Qué hicieron los israelitas en esa montaña?

¿Qué más sucede después en esa misma montaña, también conocida como el monte Sinaí (Ex. 20; Ex. 32)?

🌹 ¿Qué viene a tu mente cuando reflexionas en las revelaciones de YHVH en este lugar, especialmente cuando contrastamos las acciones de Moisés con las de los israelitas?

El Agua Viva para siempre

Recuerda, el YO SOY, YHVH, Yahvé, SEÑOR, el Único que rescató a Su pueblo de la opresión de Egipto, es el Agua Viva. Él es el Único que trasciende todo tiempo, espacio, u otras limitaciones. El YO SOY Agua Viva es, era, y será.

🌹 Utilizando los siguientes versículos que describen el Agua Viva del Antiguo Testamento (era), Nuevo Testamento (es) y Apocalipsis (será), ¿qué aprendemos sobre YHVH?

Jeremías 17:13

Juan 4:10; Juan 7:37

Apocalipsis 7:17; 22:6, 17

Compartiendo el Agua Viva

Considerando la bendición y eficacia del Agua Viva, ¿cómo podemos pensar en guardarla para nosotras de forma egoísta? Cada una de nosotras conoce a alguien que tiene sed. Y si de verdad yo creo que el YO SOY Agua Viva satisface esa sed, yo estoy motivada e inspirada a compartirla con otros.

Cuando yo creo en Su nombre, sabiendo, confiando y actuando en esa fe, yo lo comparto (Sant. 2:14-26).

Nosotros también creemos en el hidrógeno y el oxígeno, que hacen el agua, pero no es algo en lo que conscientemente pensamos o "creemos" de tal manera que impactaría nuestras vidas. Sin embargo, el YO SOY Creador pone el oxígeno y el hidrógeno juntos para permitirnos ser física y espiritualmente nutridas. ¡Creer verdaderamente en el YO SOY Agua Viva nos impacta!

¿Cómo impacta (o debería impactar) nuestras vidas diarias el saber y creer en el YO SOY Agua Viva?

Su testimonio de fe

Para concluir este capítulo, regresa conmigo a Juan 4 y lee los versículos 28-30 y 38-42.

¿Cuál era el testimonio de la mujer del pozo?

¿Qué hizo la mujer samaritana con su testimonio?

¿Cómo respondieron otros inicialmente a su testimonio (Jn. 4:30)?

¿A qué llegó a ser el testimonio de fe para los miembros del pueblo (Jn. 4:42)?

De marginada a misionera

La mujer samaritana demuestra cómo el **YO SOY** llama a los marginados, a los improbables, y a los no equipados a hacer Su trabajo.

Lee los siguientes versículos y escribe 1) A quién llamó el YO SOY y 2) Cómo esa persona respondió. Si estás familiarizada con la historia, reflexiona, también, en qué los hizo a cada uno de ellos un marginado.

Génesis 22:1, 11

Éxodo 3:4

1 Samuel 3:4-10

Isaías 6:8

¿Cómo nos pide el YO SOY que respondamos a Su llamado? Recuerda: ¡Él se especializa en llamar a los marginados!

Conociendo tu propio testimonio de fe en el YO SOY, nombra tres maneras y tres individuos con quienes puedes compartir tu fe en el YO SOY durante la siguiente semana.

Elementos Comunes

Mientras conocemos y creemos más profundamente en el YO SOY cada semana, también tenemos la oportunidad de conectarnos unas con otras. Para los Elementos Comunes de esta semana, enfócate en la aplicación de ser hierro afilando a hierro mientras animas a otras a compartir el Agua Viva con alguien más. Puedes hacer como Jesús e invitar a la persona a compartir una bebida física (café, té, o un simple vaso con agua) para poder hablar sobre la fuente de Agua Viva: el YO SOY.

¿Cuál es un nombre o característica del YO SOY en el que quieres que **crezca o florezca** tu fe?

¿Cuál **espina** se necesita eliminar? Puede ser una perspectiva errada o un pensamiento que impide tu crecimiento.

¿Cuáles son unas maneras en las que una Hermana Rosa de Hierro puede servir como **hierro afilando a hierro** y animarte a **profundizar** tu relación con el YO SOY?

Un mensaje de esperanza, una palabra animadora, o un versículo bíblico que te recuerda del YO SOY.

Fecha: _____

Capítulo 6

¿Serán satisfechas mis necesidades? El Pan de Vida

—Yo soy el pan de vida —declaró Jesús—. El que a mí viene nunca pasará hambre, y el que en mí cree nunca más volverá a tener sed. (Juan 6:35)

No se les desgastará el calzado

Un estado de paz en la mano derecha de Dios viene cuando confiamos en Su provisión. El YO SOY dio a mi familia un ejemplo concreto de eso cuando estaba en la escuela secundaria...

Mi papá perdió su trabajo por una gran bajada de la economía después de haber trabajado en la misma compañía por catorce años. Toda la familia estaba en shock y la búsqueda de trabajo tardó un año y medio.

Mientras tanto, mi mamá volvió a certificarse y aceptó un trabajo como maestra de niños especiales en una escuela medio peligrosa. Mis hermanas y yo rotamos las responsabilidades de la casa: cocinar, limpiar, etc. Y todos nos limitamos en los gastos de la manera que podíamos.

Durante todo ese tiempo, la provisión del YO SOY fue asombrosaa y maravillosa.

Durante el año y medio estresante, pero gozoso, depósitos anónimos aparecieron en la cuenta bancaria, hermanos de la iglesia nos invitaron a cenar; toda y cada una de nuestras necesidades fueron satisfechas.

Siempre de pie como maestra, mi mamá ponía mucho cuidado en sus zapatos para que le duraran. Una tarde, después de las clases, ella llevó sus zapatos desgastados al zapatero para que se los arreglara. Quería sacar todo el provecho posible de esos zapatos.

"Señora, puedo coserlos por acá, pero se te van a romper por aquí. Puedo pegar estar parte, pero no le va a quedar bien. Lamento que ya no hay más nada que puedo hacer para rescatar estos zapatos. Creo que ya le toca comprar unos nuevos."

Mamá volvió al carro donde nosotras la esperábamos. "Chicas, ya se nos van a acabar los cuarenta años en el desierto. Dios prometió a los israelitas que no se les desgastaría el calzado (Deut. 29:5). Mis zapatos ya están desgastados, así que ya le toca a tu papá conseguir trabajo." Un mes después, así fue.

Tan pronto como mi papá consiguió trabajo, cada una de mis hermanas creció un montón (tenían 14, 12 y 6 años en ese tiempo). Yo me fui para la universidad, y mi mamá compró un nuevo par de zapatos para estar de pie todo el día enseñando.

> *YHVH Jiré significa el SEÑOR proveerá. Y la provisión del YO SOY es perfecta, a Su manera y en Su tiempo.*

La provisión en la mano derecha de YHVH

Llevo años fascinada con la mano derecha de Dios. De hecho, uno de los otros libros del Ministerio Hermana Rosa de Hierro se titula, *En la mano derecha de Dios: ¿A quién temeré?* en el que exploro las más de sesenta veces que se menciona la mano derecha de Dios en los Antiguo y Nuevo Testamentos.

Un ejemplo de referencia de la mano derecha de Dios ilustra nuestro entendimiento del YO SOY esta semana. Ve conmigo a Éxodo 15. Al leer los versículos 1-21, toma nota de lo siguiente:

1. Al menos tres nombres de Dios son mencionados (presta atención a ver si el nombre está en mayúscula o no):

2. Qué hizo la mano derecha del SEÑOR:

3. Al menos tres descripciones del YO SOY, reveladas por Sus hechos:

Ahora, ¿qué palabra usarías para describir Éxodo 15:1-21?

No sólo el ciclo vicioso de Israel

Liberación, celebración, victoria, gloria, poder, maravillas... Estoy segura de que pudiste encontrar muchas palabras excelentes para describir la escena y la canción con los israelitas en Éxodo 15:1-21, todo en honor a Quién YO SOY es, era y ha de venir.

El famoso autor, expositor y estudiante de la Biblia, Chuck Swindoll usó la palabra "Abundancia" para resumir Éxodo 15:1-21.[5] Es lo que él y otros eruditos describen como la primera etapa del ciclo en el que encontramos a los israelitas y a nosotros mismos.

Una y otra vez, consistentemente en el Antiguo Testamento, vemos a los israelitas pasar por este ciclo de cinco etapas. Afortunadamente, estas etapas pueden resumirse en un solo capítulo: Éxodo 15. La brevedad del capítulo y su proximidad a una de las historias principales que destacan al YO SOY el Pan de Vida esta semana lo hace un excelente punto de partida para el enfoque de esta sección.

Definamos las cinco etapas en el ciclo y veamos cómo se relacionan a la provisión del YO SOY como el Pan de Vida. Lee el resto de Éxodo 15, versos 22-27, y observa a los israelitas y sus conversaciones con Moisés.

Etapa 1, Éxodo 15:1-21   Abundancia/liberación/celebración

Etapa 2, Éxodo 15:22   Expectativa

Etapa 3, Éxodo 15:23   Decepción

Etapa 4, Éxodo 15:24   Queja

Etapa 5, Éxodo 15:25-27   Provisión

¿Estás de acuerdo con las descripciones de estas cinco etapas? ¿Por qué sí o por qué no? ¿Hay una palabra mejor que escogerías para alguna de ellas?

---

[5] Charles R. Swindoll, *The Swindoll Study Bible* (Carol Stream, Illinois: Tyndale House Publishers, 2017).

Nuestro desierto puede parecer diferente dependiendo de nuestra etapa de la vida o la lucha del día, pero creo que cada una de nosotras está en algún lugar de este ciclo en un momento dado.

> ¿Cómo has visto las etapas de este ciclo en tu vida? ¿En qué etapa estás ahora?

Escapando de Egipto

Cuando me encuentro en un tiempo de expectativa, puedo caer en una actitud de privilegio. Mi decepción rápidamente se vuelve frustración, no solamente hacia Dios, sino conmigo misma. Y cuando alcanzo la etapa de queja, a menudo llevo mis quejas a otros en lugar de llevarlas hacia YHVH, mirando y creyendo en el YO SOY.

Aquel quien es, era y ha de venir SIEMPRE ha provisto en el pasado. Entonces por qué siempre caigo en la trampa de la duda y vuelvo al ciclo y las otras etapas. Señoras, estamos escapando de Egipto juntas, no es solamente un tiempo de persecución, pero también de cualquier mal hábito que hayamos adquirido durante ese tiempo.

YHVH nos invita a romper ciclos destructivos y creer en Él completamente. Y nos revela los pasos para hacerlo.

¿Cuál es la condición de la promesa en Éxodo 15:26?

¿Cómo se identifica el SEÑOR a sí mismo en Éxodo 15:26, antes de llevar a Su pueblo a la provisión?

¿Qué relación tiene la sanidad con la provisión?

> *Cuando estamos cegadas por nuestras necesidades y deseos,*
> *no podemos ver nuestro quebrantamiento en necesidad de sanidad,*
> *nuestra debilidad en necesidad de fortaleza,*
> *nuestra escasez en necesidad de la provisión de YHVH Jiré.*

Permitimos que nuestras expectativas, decepciones y quejas eclipsen la abundante provisión del YO SOY.

Y cuando refunfuñamos y nos quejamos, hemos perdido nuestra perspectiva...

Cuenta tus bendiciones o reclama y reclama, otra vez

Éxodo 16 toma lugar un mes después de haber salido de Egipto. Y mientras ellos están físicamente ubicados en el desierto de Sin, y su comportamiento no es ejemplar, vale la pena aclarar que "Sin" es una referencia geográfica a la región del Sinaí y no en referencia a lo que les faltaba: "sin" tal o tal cosa.

Haz una lista de cinco cosas por las cuales estás agradecida.

Ahora escribe dos cosas que están actualmente causando estrés en tu vida.

Vuelve a leer tu lista de agradecimientos. ¿Se siente eclipsada por tus estreses? ¿En dónde está tu enfoque? ¿Vemos claramente las bendiciones y provisión?

Volver a ver las cosas por las cuales estamos agradecidas o contar nuestras bendiciones es un ejercicio poderoso. Sin embargo, la visión 20/20 solamente funciona cuando estamos pensando claramente. ¿Escuchas bien o piensas claramente cuando tienes hambre?

Tengo un amigo que solía llamarlo mi síndrome del Dr. Jekyll/Sr. Hyde. Esto era antes de que el término "enfadada y hambrienta" se volviera popular. Cuando mi nivel de azúcar en la sangre es bajo, mi paciencia y mis respuestas son cortas, o me vuelvo lenta e incapaz de llevar una conversación inteligente.

Tengo que ser cuidadosa en no permitir que esa explicación se vuelva una excusa para caer en malos hábitos, actitudes negativas o pensamientos destructivos. Puedo contar mis bendiciones o quejarme y quejarme, una y otra vez, cegada por mi hambre.

De los Elementos Comunes: ¿Cuál **espina** se necesita eliminar? Puede ser una perspectiva errada o un pensamiento que impide tu crecimiento.

Puede que hayas leído Éxodo 16 en una clase bíblica para niños, ya sea cuando eras niña o enseñando la lección a los niños. Sin embargo, hay muchas aplicaciones para adultos en esta historia. Lee todo Éxodo 16, una narración poderosa de la paciencia y provisión de YHVH Jiré.

Los israelitas están hambrientos en Éxodo 16:3, pero ¿qué evidencia vemos en ellos de que no están pensando claramente o de que están usando memoria selectiva?

Una de las conclusiones de este capítulo es la advertencia de *"Mirar hacia adelante con fe, no hacia atrás con amnesia selectiva."*[6]

¿Qué otras lecciones aprendemos de los israelitas o qué características del YO SOY son reveladas en Éxodo 16?

De los Elementos Comunes: ¿Cuál es un nombre o característica del YO SOY en el que quieres que **crezca o florezca** tu fe?

Describe el maná, no sólo físicamente, sino también lo que el nombre significaba y representaba.

---

[6] Charles R. Swindoll, *The Swindoll Study Bible* (Carol Stream, Illinois: Tyndale House Publishers, 2017).

¿Qué es esto? ¿Pan?

Los israelitas comieron maná en el desierto. Y Dios también les proveyó codornices. Él satisface nuestras necesidades y va más allá del nivel más básico de provisión.

Sin embargo, el maná y las codornices estaban incompletos. Eran una sencilla señal del Pan de Vida que se hizo carne y habitó entre nosotros. Ve conmigo a Juan 6 mientras pasamos el resto de nuestro tiempo a los pies de Jesús, quien se revela así mismo y nos invita a creer verdaderamente en Él, el Pan de Vida.

De nuevo una historia popular en las clases para niños, lee Juan 6:1-14, enfocándote en el concepto de creer o la fe.

¿Cómo muestran su fe cada uno de los personajes en la historia, y en qué momento ellos creen (o no)? Recuerda: Jesús muchas veces pone pruebas para enseñar.

Jesús

Los discípulos

Las personas/la multitud

Viendo la siguiente sección de Juan 6, versos 15 al 26, ¿Qué es lo que hace cada uno de esos mismos personajes con su fe? ¿La fe continúa o vacila? ¿Revelaba lo que realmente creían desde el principio?

(más espacio en la siguiente hoja)

¿Qué es lo que el YO SOY estaba enseñando en Juan 6:27-34? ¿Qué dijo que es de suma importancia?

¿Cómo se compara el YO SOY con el maná de Éxodo 16?

Lee Juan 6:47-51. ¿Qué significa para ti que Jesús, el YO SOY, YHVH encarnado, es el Pan de Vida? Piensa acerca de la correlación entre pan y vida. Reflexiona en el impacto que esa fe tiene en tu vida diaria.

El Pan de Vida que *es*, el Maná que *era* y la Vida que ha de venir

La vida eterna no es solamente para el cielo. Vida y vida eterna se utilizan de manera indistinta a través del libro de Juan. No tenemos que estar en la "espera" por la vida eterna. Ahora tenemos acceso al "verdadero pan del cielo" como Jesús mismo declaró en Juan 6:32-33. Este pan da vida.

En muchas partes del mundo, es fácil comprender la terminología de que Jesús es el Pan de Vida. Sin embargo, para un sureño en los Estados Unidos, Jesús puede ser el bizcocho ("biscuit") o el pan de maíz ("cornbread") de vida.

Cuando viajo en Latinoamérica o le hablo a mujeres de cultura latina, me encanta presentar una nueva perspectiva de Juan 6:35. En México, Jesús es la *tortilla* de vida. En El Salvador, Jesús es la *pupusa* de vida. Y, mi favorito: En Venezuela, Jesús es la *arepa* de vida.

Si tú no conoces esas comidas, ¡te invito a que conozcas a alguien con quien puedas compartir la delicia de cada una de ellas! Cada uno es un alimento básico, fundamental para la dieta local. Así como los panes en diferentes regiones, algunos son elaborados con maíz, harina u otros granos. Ellos se combinan con otros ingredientes para hacer delicias culinarias que despiertan nuestras papilas gustativas.

¿Qué significa que el YO SOY, el Pan de Vida, es vida diaria y vida eterna?

Jesús afirma que necesitamos nutrición diaria, física y espiritual, para vivir una vida abundante.

Nuestro pan diario

"Danos hoy nuestro pan de cada día..." de la oración del Padre Nuestro (Mt. 6:11), es una solicitud para que Dios provea para nuestras necesidades físicas y espirituales.

Enumera tres ejemplos de cómo participar del Pan de Vida en una base diaria.

¿Qué pasaría si solamente comiéramos un día a la semana?

Cada primer día de la semana, nos reunimos para comer del pan y tomar de la copa en memoria del Verdadero Pan de Vida. Cuando nos reunimos a compartir la Cena del Señor, nos recuerda a mirarlo a Él, creer en Él, y tener vida en Su nombre.

> *YHVH Pan de Vida nos invita a una relación y a una fe en Su nombre a través de Su muerte, sepultura y resurrección.*

Aunque nuestra fe no puede ser relegada a una sencilla hora del domingo en donde recordamos a Aquel en el que creemos. **El YO SOY, YHVH, SEÑOR, Pan de Vida, es nuestra provisión diaria de nutrición espiritual y la fuente de vida.**

De los Elementos Comunes: ¿Cuáles son unas maneras en las que una Hermana Rosa de Hierro puede servir como **hierro afilando a hierro** y animarte a **profundizar** tu relación con el YO SOY?

Provisión para refugiados

Voy a concluir con una historia más sobre la provisión de Dios. Mencioné cómo los venezolanos comen y valoran las *arepas*, su "pan," que están hechas de harina de maíz precocida y finamente molida. Desafortunadamente, en ese país, al momento de publicar este libro, es casi imposible obtener el ingrediente principal para hacerlas.

Personas alrededor del mundo tienen familiaridad con las *arepas* porque conocen a venezolanos que han huido de su país natal escapando de la crisis humanitaria desencadenada por una crisis política y económica. Estos refugiados venezolanos luchan por hacer su mejor esfuerzo en sus nuevas vidas mientras dejan todo atrás, incluyendo familia y amigos, en búsqueda de un mejor futuro.

La crisis de refugiados está sin precedentes en muchas partes del mundo. Las personas de varios países están sufriendo y mientras Dios puede ser glorificado a través de todo esto, puede ser un reto mantener nuestros ojos puestos en YHVH Jiré, el Pan de Vida.

Una familia de refugiados huyó a un país vecino por la falta de recursos en su tierra natal. El esposo, la esposa y sus dos hijos pequeños construyeron una vida para ellos en su nueva residencia, adoptando algunas de las costumbres locales, mientras mantenían su fe en Dios.

Con el tiempo, los dos jóvenes se casaron con mujeres locales y compartieron su fe con ellas. Ellos alabaron al Dios de sus padres por Su bendición.

Un tiempo después, la tragedia les tocó y ambos jóvenes fueron asesinados. El padre también falleció dejando a tres viudas, destrozadas por el tremendo sufrimiento y pérdida. Amargada por su angustia profunda, la madre decidió regresar a su país natal.

Las viudas jóvenes planearon acompañar a su suegra, pero ella les rogó que se regresaran a sus familias. Una nuera fue inquebrantable en su decisión.

"¡No insistas en que te abandone o en que me separe de ti! Porque iré adonde tú vayas, y viviré donde tú vivas. Tu pueblo será mi pueblo, y tu Dios será mi Dios. Moriré donde tú mueras, y allí seré sepultada. ¡Que me castigue el Señor con toda severidad si me separa de ti algo que no sea la muerte!» (Rut 1:16-17)

Los siguientes tres capítulos de Rut cuentan la historia de provisión, esperanza y plan eterno del YO SOY. Mientras la historia concluye, reconocemos que Booz, el segundo esposo de Rut y el pariente redentor, es un anuncio de Cristo, nuestro Redentor y Proveedor.

En diferentes puntos de la historia, Noemí y Rut dudaron de la provisión de Dios. Aun así, ¡su testimonio de fe vino a ser parte de la genealogía y ascendencia de Cristo![7]

¿Cuál es tu testimonio de fe esta semana? ¿Cuándo has visto la provisión de YHVH Jiré en tu vida? (Más espacio al fin del libro en la sección: Notas/Testimonios)

Mientras crecemos y florecemos en nuestra fe de la provisión del YO SOY, espero que podamos animarnos unas a otras con nuestros testimonios de fe, tal como hicieron Rut y Noemí. Eran un ejemplo de Hermanas Rosa de Hierro, turnando con la otra al ser la fuerte, pero siempre animándose a enfocarse en el YO SOY. Que sirvamos también como hierro afilando a hierro, inspirándonos a ser bellas como rosas en el abundante jardín de Dios, a pesar de las espinas.

Fecha: _____

---

[7] Un profundo estudio gratuito de Rut y Noemí y su relación está disponible para ser descargado como un estudio e-Pétalo de la página web del Ministerio Hermana Rosa de Hierro: www.HermanaRosadeHierro.com

Capítulo 7

¿Estoy viendo claramente? La Luz del Mundo

Una vez más Jesús se dirigió a la gente, y les dijo:
—Yo soy la luz del mundo. El que me sigue no andará en tinieblas, sino que tendrá la luz de la vida. (Juan 8:12)

Un girasol gira su cara hacia el sol durante cada etapa de crecimiento. Crece alto para alcanzar el sol. Su tallo está fuerte, pero flexible, porque puede rotar la parte de arriba para que el girasol florecido puede cumplir la rotación con el sol y luego inclinarse cuando se haya puesto el sol.

Se nota por su nombre que el "girasol" refleja exactamente lo que hace, afirmando su identidad y su propósito. El girasol está atraído a la luz, anhela la luz, y sigue la luz. No puede vivir sin la luz, el girasol no tiene ningún otro pensamiento sino ir hacia la fuente de luz, el sol, el cual provee nutrientes para su crecimiento.

Tal como el girasol necesita la luz para sobrevivir, que gira hacia los rayos del sol para calentarse, la Luz de Vida ofrece una invitación a participar en la vida abundante que ofrece el YO SOY. Cuando miramos a la fuente verdadera de luz, crecemos y mantenemos

nuestro enfoque. Todo lo demás se pone en perspectiva. Vemos claramente, quizás por primera vez.

Así como hace el girasol, ¿miramos y creemos en el YO SOY, la Luz del mundo? ¿Por qué sí o por qué no? ¿Cuándo sí o cuándo no?

Escribe el versículo clave para esta lección: Juan 8:12. (Puedes usar otra versión de la Biblia que la que se citó al principio de este capítulo, la NVI.)

Extraña a una ciudad nueva, la recién graduada de la universidad explora el centro y escoge caminar por las calles bien iluminadas en vez de las calles oscuras. ¿Por qué? ¿Qué tiene la luz que nos atrae?

¿Qué pasa cuando alguien no está atraído a la luz? ¿Qué pasa en la oscuridad?

La luz y las tinieblas

¿Qué creó primero el YO SOY? (Ve Gén. 1:1-5.)

🌹 Referente a Juan 1:1-13, ¿qué más aprendemos del YO SOY y la Luz desde el principio?

🌹 Luz y tinieblas, bueno y malo, claridad y confusión, iluminación e ignorancia... ¿Qué más te viene a la mente cuando pensamos en la luz y las tinieblas?

🌹 ¿Qué poder tiene la luz?

Los propósitos de la luz

¿Sabías que uno no puede "ver" la luz? La luz nos permite ver todo lo que vemos por cómo la luz refleja y refracta el objeto. Fotógrafos, pintores y otros artistas prestan atención a esa verdad al diseñar cuidadosamente sus interpretaciones de la realidad, jugando con la manera en la que la luz baila y resalta las facetas de su creación.

Hasta los colores que vemos y percibimos son una reflexión y refracción de luz.

Visitando al optometrista, revisó a ver si yo necesitaba lentes para leer. No estaba lista emocionalmente para esa etapa de la vida. Sentí un alivio cuando encendió una pequeña luz cerca de la letra que me pidió leer. En la luz bajita estaba menos claro y un poco borroso. La luz adicional me permitió leer las palabras claramente. Solté un suspiro de alivio cuando declaró, "Parece que esa pequeña luz te ayuda a compensar lo suficiente por ahora. Revisaremos la próxima vez, pero por ahora, no necesitas lentes para leer. Un poco de luz adicional es lo que necesitas por el momento."

La luz física nos puede dar una vista más clara de lo que estamos mirando. La luz espiritual clarifica las cosas de una manera aún más poderosa. Los siguientes versículos exponen más sobre las verdades espirituales reveladas por la luz física.

¿Qué nos recuerda la refracción de luz en Génesis 9:8-17?

¿Cuál era el propósito de la luz en Éxodo 13:21-22? ¿Y qué forma llevaba?

¿Con qué compara la luz el salmista David y su propósito según Salmo 119:105?

🌹 ¿Qué (y quién) se reveló por la luz en Hechos 22:3-11? ¿Y a quién fue revelado?

¿Has pasado por un momento en el que una luz física o la luz de la Palabra de Dios te reveló algo o te ayudó a ver las cosas más claramente? **Fuera una promesa, una guía, un llamado a arrepentimiento, u otra revelación, ¡se convierte en parte de tu testimonio de fe!**

🌹 ¿Qué te ha revelado la Luz de Vida y del mundo en tu vida?

Una luz cegadora

Mis ojos son muy sensibles. Uso lentes polarizados en la lluvia para evitar el brillo. Tengo una opción en mi teléfono que me permite oscurecer la pantalla, súper útil por la noche en mi habitación oscura. Las pocas veces que veo algo muy brillante en la oscuridad, la luz manda un dolor penetrante por mis ojos que llega a la parte de atrás de mi cabeza. La reflexión residual de la luz, como el "flash" de la cámara, es visible por muchos minutos más, estén mis ojos abiertos o cerrados.

Los efectos de la luz para alguien que se haya acostumbrado a las tinieblas son drásticos y dolorosos. Nuestros ojos no pueden ajustarse físicamente tan rápido cuando son expuestos a la luz.

Nuestra reacción es inmediata e instintiva. Nos alejamos de lo que es extraño y doloroso.

Por la mañana, la luz brillante del cuarto puede ser un saludo brusco del nuevo día, pero nuestros ojos se acostumbran. Seguimos con el día, viendo más claramente ya que podemos navegar el cuarto y nuestro día.

> *Para los que andan en tinieblas, espiritualmente hablando, una reacción negativa es lo que se espera.*

Después de pasar por el shock inicial de la revelación, iluminado por la luz, uno tiene que decidir qué va a hacer al respecto: aceptarla o rechazarla.

Vemos a través de varias historias de sanación en el Nuevo Testamento que los demonios evitaron ser expuestos y rogaron a Jesús para que les dejara en paz (ej. Mc. 5:1-20). Preferían las tinieblas, pero el YO SOY no les permitió retener el control sobre los que había sanado (ej. Mc. 9:14-29). **En contraste, los que dieron la bienvenida a la Luz fueron transformados y sanados.**

Transformados por la Luz

Una mujer, María Magdalena, sanada de siete demonios (Mc. 16:9; Lc. 8:2), después de conocer a la Luz, creyó y siguió a la Luz hasta la cruz, aún cuando los discípulos le habían abandonado (Jn. 19:25).

Juan sigue su relato sobre esta seguidora del YO SOY en Juan 20:1-18. Lee este pasaje, prestando atención desde la perspectiva de María Magdalena, una buscadora de Luz y creyente en el YO SOY.

¿Por qué crees que María Magdalena fue a la tumba cuando todavía estaba oscuro?

¿Qué encontró cuando llegó y qué hizo?

¿Cómo reaccionaron los discípulos? No se te olvide incluir a Juan 20:10 como parte de tu respuesta.

¿Qué hace María por consiguiente?

¿Qué hace María Magdalena con lo que aprendió?

Aunque no sabemos con certeza ningún otro detalle sobre la historia de María Magdalena, creo definitivamente que ella sí era parte del grupo mencionado en Hechos 1:12-14.

> *Todos, en un mismo espíritu, se dedicaban a la oración, junto con las mujeres y con los hermanos de Jesús y su madre María.* (Hch. 1:14)

Y basado en sus hechos a lo largo de los cuatro libros del evangelio, María Magdalena seguramente continuaba como seguidora de la Luz del mundo, compartiendo su testimonio de fe en YHVH Luz, con todos los que se encontraba.

> *Después de conocer a la Luz, vio las cosas más claramente y anhelaba que otros tuvieran esa misma experiencia.*

De los Elementos Comunes: ¿Has visto la Luz? ¿Cómo **crecerás y florecerás** en tu fe del YO SOY y compartirás ese testimonio con otros?

Reflectores de luz

María Magdalena, Pablo, y otros seguidores que no hemos mencionado se convirtieron en reflectores de Luz después de encontrarse con el YO SOY, Luz del mundo. Su transformación llegó a ser una reflexión de la gloria del YO SOY (2 Cor. 3:18).

¿Qué dice Mateo 5:14-16 sobre nuestro deber?

La Luz del mundo nos invita a participar con Él en compartir la luz, todo para Su gloria y honra. **Como reflectores de la Luz del YO SOY, tenemos una tremenda responsabilidad.** Por lo tanto, a veces, puede que nos sintamos incapaces o como un reflector inadecuado. Desanimadas por las imperfecciones y abatidas por los fracasos, las dudas abruman el deseo de brillar. No estamos solas en esa lucha. Hay esperanza cuando volvemos a ver las cosas claramente.

De los Elementos Comunes: ¿Cuál **espina** se necesita eliminar para hacer brillar Su Luz?

Pablo expresa esa lucha en 2 Corintios 4. Permíteme ilustrar este punto al leer los siguientes versículos en orden al revés. Manteniendo los versículos en su contexto, pero mirándolos en otro orden, resaltaremos unas percepciones y traeremos otras cosas a la luz.

> *⁸ Nos vemos atribulados en todo, pero no abatidos; perplejos, pero no desesperados; ⁹ perseguidos, pero no abandonados; derribados, pero no destruidos. ¹⁰ Dondequiera que vamos, siempre llevamos en nuestro cuerpo la muerte de Jesús, para que también su vida se manifieste en nuestro cuerpo.* (2 Cor. 4:8-10)

¿Qué pasa cuando nos enfocamos en las descripciones negativas versus las expresiones "pero no..."?

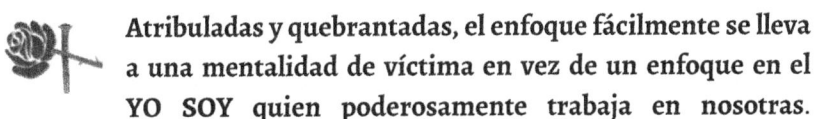

Atribuladas y quebrantadas, el enfoque fácilmente se lleva a una mentalidad de víctima en vez de un enfoque en el YO SOY quien poderosamente trabaja en nosotras. Subraya las frases "pero no..." y vuelve a leer los versículos 8 y 9 poniendo énfasis en esa parte subrayada. ¿Qué vemos más claramente con esa nueva perspectiva?

Ahora, volvamos a 2 Corintios 4:7.

> *⁷ Pero tenemos este tesoro en vasijas de barro para que se vea que tan sublime poder viene de Dios y no de nosotros.*

Las vasijas de barro son débiles y frágiles. No se trata de la vasija sino de lo que contiene.

> *No se trata del "yo" sino del YO SOY en mí.*

Porque cuando una vasija de barro tiene una grieta, la parte rota es donde mejor brilla la luz. **Recuerda quién es la Luz. Somos meramente reflectores del YO SOY.**

> [5] *No nos predicamos a nosotros mismos, sino a Jesucristo como Señor; nosotros no somos más que servidores de ustedes por causa de Jesús.* [6] *Porque Dios, que ordenó que la luz resplandeciera en las tinieblas, hizo brillar su luz en nuestro corazón para que conociéramos la gloria de Dios que resplandece en el rostro de Cristo.* (2 Cor. 4:5-6)

¡De esa forma es Dios quien lleva toda la gloria! Las buenas nuevas del evangelio, la encarnación del YO SOY, es que la Luz del mundo vino para destrozar las tinieblas y nos ofrece la oportunidad de traer a otros a la Luz de la verdad y la esperanza. ¡Él es la Luz de Vida (Jn. 8:12)!

> ¿Qué más has aprendido u observado sobre la luz, vasijas de barro rotas, y el pasaje en 2 Corintios 4?

La luz es una invitación

La luz da vida: plantas, personas, animales... cualquier cosa viva requiere luz para sobrevivir, especialmente si quiere prosperar. **La luz es vital para la vida física; mantenerse caminando en la Luz es vital para la vida espiritual.**

Según Juan 12:35-36, ¿cuáles son las dos cosas que Jesús pide que hagamos?

¿Cuál es la promesa en Juan 12:36?

¡Qué bendición caminar en la Luz y estar en relación con Él! ¿Cómo aprovechamos al máximo el caminar en luz y mantener nuestra caminata en la luz? Menciona al menos tres maneras.

Ahora, acompáñame a 1 Juan 1:5-10. ¿Cuáles son las bendiciones de caminar en la luz?

¿Cuál es la promesa cuando confesamos nuestros pecados o "los traemos a la luz"?

El acusador, Satanás, mora en las tinieblas y reina allí. **El padre de la mentira se disfraza como ángel de luz (2 Cor. 11:14) y quiere hacer todo lo posible para que no traigamos nada a la luz, porque la luz es donde encontramos la sanación, el arrepentimiento y el poder.** La luz es transformadora y cuando confesamos nuestros pecados, la Luz del mundo nubla cualquier injusticia que hemos tratado de esconder con Su justicia perfecta.

¡Qué tremenda oferta nos ha dado la Luz y el ministerio al que nos ha llamado! Como Pablo lo parafraseó en su comisión a los gentiles en Hechos 26:18, él fue enviado…

> *"para que les abras los ojos y se conviertan de las tinieblas a la luz, y del poder de Satanás a Dios, a fin de que, por la fe en mí, reciban el perdón de los pecados y la herencia entre los santificados."*

De los Elementos Comunes: ¿Cuáles son unas maneras en las que una Hermana Rosa de Hierro puede servir como **hierro afilando a hierro** y animarte a **profundizar** tu relación con el YO SOY, caminando en la luz como Él es Luz?

La Luz Verdadera

¿Has estado en una cueva? Ni siquiera puedes ver la mano frente a tu cara. Se siente la oscuridad. La falta de luz es espantosa y opresiva. La mera chispa de un fósforo para prender una vela disipa la oscuridad y la esperanza se restaura.

Sin embargo, algunas personas, después de acostumbrarse a la luz bajita de la vela, asumen equivocadamente que es suficiente luz para navegar la cueva y entonces se sienten contentos en la media oscuridad. Las sombras hacen juego en sus mentes y las tinieblas les abraza nuevamente, dándoles un sentido falso de seguridad temporal.

Una vez perdida en un océano de oscuridad, una luz distante puede servir como una invitación o una fuente de temor… una esperanza de rescate o algo espantoso desconocido. ¿Cómo describe Juan 3:19-21 ese fenómeno en un sentido espiritual?

¿Por qué tememos la Luz?

¿Cómo podemos superar ese temor? ¿Cuáles son algunas maneras prácticas de mirar a la Luz, ver las cosas más claramente y creer?

La Luz que es, que era, y que ha de venir

Mi fe en el YO SOY, la Luz del mundo, crece cuando me acuerdo de las características eternas, inmutables y fieles de la Luz. **Cuando lo miro a Él, todo lo demás se vuelve pálido en comparación.**

¿Sabes que la luz no tiene sombra? ¡Inténtalo! Se puede probar al hacer brillar una luz separada (como una linterna) en una vela alta en un cuarto oscuro. Mira a la pared detrás de la vela. La cera de la vela tendrá una sombra, más la llama no.

"...Dios es luz y en él no hay NINGUNA oscuridad" (1 Jn. 1:5b; énfasis mío)... ¡ni siquiera una sombra!

"...el Padre que creó las lumbreras celestes, y que no cambia como los astros ni se mueve como las sombras" (Sant. 1:17b). El YO SOY, Luz, que es, que era y que ha de venir.

"La ciudad no necesita ni sol ni luna que la alumbren, porque la gloria de Dios la ilumina, y el Cordero es su lumbrera" (Apoc. 21:23). **El YO SOY, iluminando el Camino a la Luz eterna con Él, siempre.**

¿Cómo te inspiran estos versículos sobre la Luz eterna?

> *Sea que se pregunte desde un lugar de confusión, desesperación, pérdida o duda, las preguntas de la vida se pueden contestar al mirar a la Luz del mundo para recibir claridad, esperanza, dirección y certidumbre.*

Cuando caminamos en luz, como Él es luz, las tinieblas pierden su poder sobre nosotras. La Luz ilumina el pecado que nos estorba para que podamos, fijar "la mirada en Jesús, el iniciador y perfeccionador de nuestra fe" (Heb. 12:2).

Nuestro testimonio de fe se convierte en una reflexión de la Luz Verdadera de Vida. Y al compartir nuestros testimonios de fe en el poder de la Luz, invitamos a otros a brillar Su luz en sus propias vidas, caminando en la Luz juntos.

El YO SOY, Luz del mundo, posiblemente trajo algunas **espinas** a la luz mientras estudiaste este capítulo. O quizás has visto una manera específica en la que quieres seguir **creciendo** como una rosa floreciendo que busca la fuente de Luz. Recuerda: No estás sola. Nuestras Hermanas Rosa de Hierro están con nosotras en el camino, como **hierro afilando a hierro** y siendo partícipes en nuestros testimonios de fe en el Gran YO SOY.

Fecha: _____

Capítulo 8

¿Estoy segura?
La Puerta de las ovejas

Por eso volvió a decirles: «Ciertamente les aseguro que yo soy la puerta de las ovejas». (Juan 10:7)

Hay una escena en la película *El Rey León*[8] en la cual el pájaro cálao, Zazu, está encarcelado en una jaula de huesos, por el hermano del Rey, Scar. Zazu grita, "¡Déjame salir! ¡Déjame salir!" En el momento siguiente, Timón, la suricata corre a la cueva gritando, "¡Déjame entrar! ¡Déjame entrar!" y se mete entre los huesos de la jaula para unirse con Zazu. Zazu le mira a Timón como que es un loco, hasta que las hienas hambrientas que se les están acercando les afirman que están en el lugar correcto, el lugar seguro.

Lo que un animal vio como una cárcel, el otro lo vio como protección; todo se trata de la perspectiva.

Aprendemos mucho de los animales, y no sólo de los que hablan en las películas de Walt Disney y otras compañías, usados para narrar cuentos de hadas. Jesús mismo usaba animales en Sus parábolas para hacer la enseñanza práctica para Sus oyentes.

---

8 El Rey Leon (Walt Disney Pictures, (1994).

Las aves de los cielos y los lirios del campo no tienen de qué preocuparse, así que ¿por qué nos preocupamos (Mt. 6:25-34)? El pastor busca la oveja perdida y se regocija como el Padre se regocija cuando nosotros volvemos (Lc. 15:1-7).

Más se nos compara con las ovejas que con cualquier otro animal en las Escrituras. El predomino de las ovejas en la región permitió ilustraciones ricas e historias narrables.

¿Qué sabemos de las ovejas? Si nunca has visto o trabajado con ovejas, puedes buscar un video por YouTube®, pero sólo si no te distraigas.

Las ovejas son vulnerables. Su poca inteligencia requiere dependencia total en un pastor para su cuidado. En Juan 10, vemos un largo discurso del SEÑOR comparándonos con las ovejas. En el siguiente capítulo de este libro, nos enfocaremos en el YO SOY, el Buen Pastor y cómo Él cuida de Sus ovejas, pero por ahora, enfatizaremos cómo el YO SOY es la Puerta de las ovejas.

Cuando hay una barrera, una pared, una cerca o una frontera, la puerta es el lugar de pasaje seguro. Cuando los israelitas se enfrentaron con el Mar Rojo teniendo a los egipcios justo por detrás, "seguro" no era la palabra que describe cómo se sentían en ese preciso momento. El texto dice que "sintieron mucho miedo" (Ex. 14:10) y luego clamaron al SEÑOR.

"¿Pero, Dios...?" ¿Por qué no nos dejaste en Egipto? "¿Pero, Dios...?" ¿Cómo dejaste que esto me ocurriera? "¿Pero, Dios...?" ¿No te imaginas a los israelitas incluso pataleando mientras lo decían?

Por otro lado, si miramos esa misma frase en un punto diferente de la historia, "Pero, Dios..." toma completamente un nuevo significado.

Las circunstancias estaban en su contra, "Pero, Dios..." El enemigo estaba a sus pies, "Pero, Dios..." No había salida, "Pero, Dios..."

YO SOY se muestra en formas sorprendentes en momentos en los que somos más vulnerables, asegurándonos que estamos a salvo, protegidas, seguras y amadas, guiándonos en seguridad.

"Pero, Dios..." ¡Me encanta esa frase!

Para los israelitas ese día, Él abrió la puerta en el Mar Rojo; creó un paso en tierra seca a través del cual caminaron. Después, cuando los enemigos les siguieron, tratando de pasar por la puerta, Él les dio con la puerta en las narices, por así decirlo, borrándolos de la superficie de la tierra.

"¡Pero, Dios!"

¿Cuál es una historia "¡Pero, Dios!" en tu vida? Un tiempo en el que el YO SOY te protegió, te dirigió a la seguridad, o amorosamente te hizo sentir segura.

Estas historias son nuestros testimonios de fe en el YO SOY, la Puerta para las ovejas.

> *Espero que cuando dudemos y nos preguntemos*
> *"¿Pero, Dios?" recordemos nuestras historias*
> *"¡Pero, Dios!" y Su respuesta, "YO ya SOY."*

El propósito de una puerta

Una puerta puede parecer como un frío objeto inanimado. Sin embargo, una puerta implica una relación. Antes de que continuemos, lee nuestro texto central para este capítulo, Juan 10:1-10.

En los tiempos de Jesús, había dos diferentes tipos de corrales para ovejas: uno era comunal con una puerta fuerte compartida entre todos, y el otro una colección desorganizada de piedras en un campo abierto con el pastor acostado en la entrada como una puerta.

En el ejemplo del segundo corral, ¿qué propósito tiene el pastor?

¿Cómo hace que las ovejas se sientan seguras?

¿A quién permite entrar el pastor al corral? ¿A quién no permite entrar?

Acceso y protección: dos de las funciones principales de una puerta. Das acceso a quienes amas. Proteges a quienes amas de quienes no tienen acceso. Nuevamente, una puerta implica una relación.

¿A qué (o a quién) nos da acceso el YO SOY, la Puerta de las ovejas?

¿De qué nos protege el YO SOY, la Puerta de las ovejas?

¿De quién es la puerta?

Para poder tener acceso al apartamento en donde viví por cuatro años en Caracas, Venezuela, uno tenía que pasar por dos puertas, un ascensor con llave, y otra puerta antes de abrir la cerradura de mi propia puerta. Las medidas de seguridad me molestaban a veces, como cuando tenía cada dedo y los dos brazos cargados con bolsas de compras. Pero, mayormente, me ofreció protección para una soltera que vivía en una ciudad metropolitana de millones de personas.

La primera vez que visité Venezuela, no estaba acostumbrada a ese nivel de seguridad. También me pregunté si todos preferían la anonimidad, especialmente en los pueblos pequeños. Ninguna casa tenía número y las calles no tenían nombres.

Durante la campaña evangelística en una ciudad mediana, aprendí rápidamente que los puntos de referencia nos ayudaban más para poder regresar a una casa y luego entregar el curso bíblico a quienes lo pedían. Muchos no conocían su dirección, pero algunas indicaciones de panaderías cercanas y el color de la reja y la puerta nos hacía más fácil la identificación para una visita futura.

Los colores brillantes de pintura distinguían una puerta de las otras, aún si se había descolorido con el tiempo. Se reconocían aún si iban perdiendo su brillo original por el calor del sol y desconchándose por las llaves que tocaban la puerta mientras daban un grito para llamar la atención de los habitantes.

Por un camino solitario en los EE. UU., la puerta posiblemente tendría un aviso para indicar quién vive al final de la calle de entrada, o el nombre de la finca.

Alrededor del mundo, las puertas de diferentes formas y tamaños marcan la identidad. Un pastor que se acostaba en la entrada del corral sin puerta *era* la puerta, la personificación de identidad, acceso y protección.

Con la descripción de la identidad en mente, ¿cómo ves al YO SOY como Puerta para las ovejas?

La Puerta de las ovejas

Volvamos a Juan 10:1-10. ¿Se notó que el YO SOY se declara la Puerta de las ovejas antes de que se identifique como el Buen Pastor? ¿Qué implica o nos ilustra eso?

Veamos otra descripción de puertas para ovejas. Hay una diferencia entre la puerta de las ovejas de Jerusalén (Neh. 3:1, 32) y la del YO SOY. El YO SOY, en la declaración de Su identidad en Juan 10, resalta un gran contraste entre las dos.

Un poco de historia para entender el contexto: Nehemías describe las doce puertas de Jerusalén que se construyeron en la reconstrucción de la pared. La primera puerta se llamaba la puerta de las ovejas. Era la única puerta por la que las ovejas y otros animales entraban. Pero una vez entraran, jamás salían. Su acceso a la ciudad era por un sólo propósito: el sacrificio. **Lo que entraba por la puerta de las ovejas nunca volvía a salir.**

Entonces, cuando Jesús explica que Él es la Puerta de las ovejas, ¿cuál es el significado de lo que promete en Juan 10:9?

Adicionalmente, ¿qué promete en Juan 10:10?

Pensando en el YO SOY, la Puerta de las ovejas, describe la vida abundante que ofrece. Da tres ejemplos específicos de lo que la vida abundante es o no es.

De los Elementos Comunes: ¿En cuál aspecto del YO SOY o de la vida abundante que Él ofrece quieres que **crezca o florezca** tu fe?

La vida abundante de gracia y verdad

Seguros de sí mismos y sus acciones, los escribas y fariseos pensaban que estaban viviendo una vida abundante de justicia propia. En Juan 8:1-11, vemos un ejemplo de su supuesta superioridad.

Según Juan 8:6, ¿cuál era la intención de los escribas y fariseos?

Describe cómo se sentía la mujer.

¿Cómo vemos las cualidades del YO SOY la Puerta de las ovejas, en esta historia? Asegúrate de incluir manifestaciones del acceso, protección e identidad para la mujer, y también para los escribas y fariseos.

Los fariseos trajeron a la mujer sorprendida en el adulterio como oveja para morir. Pero YHVH le ofreció una salida, vida en vez de sacrificio por los pecados de otros.

> *Como la Puerta de las ovejas, el YO SOY protegía a los vulnerables, daba acceso a los rechazados y ofrecía la promesa de una identidad transformada a los que otros sólo veían como pecadores.*

🌹 ¿Cuál faceta de las promesas del YO SOY te anima más en tus circunstancias actuales? ¿De verdad crees la respuesta de la Puerta: "YO *ya* SOY el cumplimiento de esa promesa"?

Dicho de otra forma, los fariseos llevaron a la mujer sorprendida en adulterio a la puerta de las ovejas para sacrificarla, pero en cambio, se encontraron con la Puerta viva para las ovejas, quien mostró a cada uno la gracia y la verdad.

🌹 No te voy a preguntar si has llevado a alguien a la Puerta de las ovejas con un espíritu de condenación... Al contrario, vamos a enfocarnos en cómo podemos llevar a otros al YO SOY, la Puerta de las ovejas. Anota al menos una manera en la que puedes presentar a alguien al protector del vulnerable, dador de vida abundante y acccso al Padre, la Puerta de las ovejas.

Otra mujer vulnerable

Nadie quiere ser conocida por su mayor error... Personas maduras reconocen que nadie tiene todo bajo control. Nos enfrentamos con nuevos retos. Reconocemos que nuestra manera no es la única manera de hacer algo. Por ejemplo, ¿sabes que hay más de una sola manera para quemar el pan tostado?

Los universitarios están en un punto clave de sus vidas cuando las lecciones de la vida pueden ser bastante crueles. Los errores pueden tener repercusiones o consecuencias a largo plazo, mucho más grave que un pan quemado.

Sin embargo, con las decisiones mayores, la gracia y el perdón pueden traer la oportunidad de aprender de esos errores. En contraste, la condenación puede servir como punto negro en su identidad, percibido como el filtro por el cual todos los demás le vean.

Mientras trabajaba en el ministerio de universitarios, una de las estudiantes del grupo tomó unas malas decisiones y tomó unas acciones que se convirtieron en un ataque personal contra mí. Ella se hizo la víctima y a mí la agresora por haber intentado corregirla con amor. Reuniendo a otros por su lado, muchos vinieron a su defensa, sin conocer toda la historia.

No era mi historia para contar. No dispuesta a compartir cosas que eran contadas en confidencialidad, aún si hubiera significado mi salvación, me quedé con una sola opción: ofrecerle la otra mejilla.

Mi comportamiento no era perfecto para nada y reconocía mi parte en la situación, así que me humillé delante de Dios, mortificada por cómo mis palabras habían contribuido a la situación a la que la estudiante estaba reaccionando. Mi lado maduro se dio cuenta que ella estaba atacando al mensajero que no hizo buen trabajo en transmitir el mensaje de Dios. Sin embargo, mi lado vulnerable se sintió herido y derrotado.

Clamando a Dios, sentí el peso de mi rol en la situación. Además, temía el bombardeo de ataques del grupo de personas que la estudiante había convencido para defender su causa.

Poniéndome tensa, esperando un regaño de Dios y anticipando repercusiones en mi trabajo, me aferraba a versículos de promesa en los que el YO SOY me mantiene segura y protegida (Prov. 18:10), no me deja ni me abandona (Jos. 1:5), y las bendiciones que vienen cuando perdono (Mt. 6:14-15). Agraciada por los recuerdos lindos del

Espíritu, la frase que me vino a la mente fue, "Nadie quiere ser conocido por su mayor error."

Todavía en un estado vulnerable, sabía que el perdón era algo que hacía falta: **la libertad de una identidad definida por los errores.** Parábolas me recordaban que no hay pecado "mayor" o "menor" (Mt. 18:21-35). Y aún si la reconciliación era imposible, el perdón era necesario. ¿Por qué le iba a negar la bendición que yo también anhelaba? No podía dejar que su identidad, en mi mente, fuera dominada por sus ataques personales contra mí. Ella era más que el ataque que hizo. **Dios me veía más allí de mis errores.** La misma gracia que quería extendida para mí se tenía que extender para ella también.

Años después, la verdad se reveló y mi reputación se redimió en parte por la revelación, aunque nadie habló directamente del asunto. **Nuevamente, nadie quería ser recordado por nuestros errores; y tampoco queremos reconocer cuando los errores de otros nos llevan a cometer aún más errores.** "Aquel de ustedes que esté libre de pecado..."

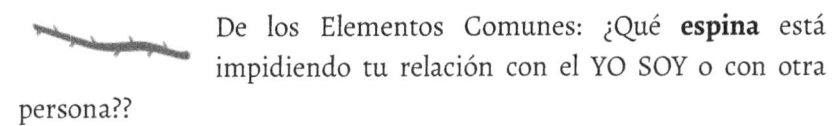

De los Elementos Comunes: ¿Qué **espina** está impidiendo tu relación con el YO SOY o con otra persona??

¿Protección o acceso?

Soy mi peor enemigo. Santiago 1:14-15 me recuerda que mis propios deseos son la fuente principal de mi ruina, si no me cuido de ellos. Pensamientos, palabras, acciones, ataques, tentaciones, sufrimiento, uno mismo...

¿De qué quieres ser protegida?

¿Qué quiere decir estar segura? ¿Qué quiere decir estar salva? ¿Hay una diferencia? Explica.

Promesas de protección y acceso

Para cerrar, toma nota de los siguientes versículos, y para cada uno, escribe las promesas de protección, seguridad, acceso o identidad. Notarás en los capítulos que faltan que el YO SOY reafirma y solidifica estas verdades nuevamente.

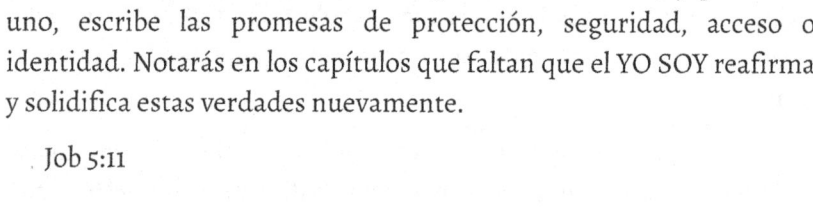

Job 5:11

Salmo 4:8

Salmo 91:14

Proverbios 18:10

Juan 17:11

El YO SOY, la Puerta de las ovejas, afirma que estás segura y te ofrece la oportunidad de ser salva. Permite acceso al Padre, nos protege del enemigo y nos invita a la vida abundante. **Bienvenidas al corral de ovejas, nos llama a invitar a otros también.**

¿Cómo ha crecido tu fe en el YO SOY la Puerta de las ovejas esta semana?

De los Elementos Comunes: ¿Cuáles son unas maneras en las que una Hermana Rosa de Hierro puede servir como **hierro afilando a hierro** y animarte a **profundizar** tu relación con el YO SOY?

Un mensaje de esperanza, una palabra animadora, o un versículo bíblico que te recuerda del YO SOY.

Fecha: _____

CAPÍTULO 9

¿Hay alguien que de verdad me conoce? El Buen Pastor

»Yo soy el buen pastor. El buen pastor da su vida por las ovejas.
»Yo soy el buen pastor; conozco a mis ovejas, y ellas me conocen a mí...
(Jn. 10:11, 14)

Una conversación por teléfono con mi compañera de la universidad me recuerda cuánto aprendíamos de las mañas de la otra al vivir juntas en el dormitorio. Un refrán de mi mamá afirma que llevo toda mi vida conociéndola y escuchando su voz. Trabajando con mi papá y anticipando la siguiente cosa que él necesita para un proyecto indica cuánto le conozco. Y pedir dos aguas sin hielo antes de que mi amiga llegue para almorzar juntas sugiere que no es nuestra primera comida compartida.

Cada una de esas personas tiene varias historias que reflejan cuán bien me conocen también. **Hay un confort único al pasar tiempo con personas con las que compartes una historia.** Las experiencias compartidas nos unen, creando recuerdos y conexiones que pueden durar toda una vida.

Siendo la mayor de cuatro hijas, conozco bien la bendición de los enlaces de hermandad y el conocimiento íntimo entre hermanas, desde los tres años. Aunque cada una tiene experiencias distintas como adultos, viviendo en diferentes ciudades (y países), el enlace de la familia perdura.

Algunos de mis amigos se han metido como adoptados en la familia y les damos la bienvenida. Una de esas amigas se sorprende cada vez que nos reunimos y comenta con shock genuino, "¡No puedo creer cuán bien me conoces!" Hemos pasado por tiempos buenos y malos; nos hemos visto en lo peor; nos hemos regocijado en los momentos gozosos. Su hija dijo una vez, "¡Creo que conoces a mi mamá mejor de lo que ella misma se conoce!"

Nos reímos del comentario y recordamos viejas historias sobre lo libre que uno se siente al estar con alguien que te conoce de verdad. No hay máscara, no se pretende, no hay confusión... No me malinterpretes, seguimos con fallas de comunicación y nos herimos, sin querer, a veces. ¡No somos perfectas! Sin embargo, hay una paz en **ser vista y conocida**. El YO SOY nos ve. El Buen Pastor nos conoce.

> *Hay confort en ser aceptada tal como eres mientras eres animada a ser la mejor versión de ti misma.*

YO SOY el Buen Pastor

En el capítulo anterior, exploramos cómo Jesús se declara la Puerta de las ovejas en Juan 10. En este capítulo, estudiaremos los versículos sobre la declaración de Jesús, "YO SOY el Buen Pastor."

Vayamos a Juan 10:1-6 y 11-18.

Según las diferentes traducciones de Juan, al menos cuatro tipos de personas son descritos como lo que NO es un pastor. Haz una lista de los que encuentras, usando otras versiones de la Biblia también (Jn. 10:1, 5, 12).

¿Cómo describirías estos tipos de personas y cómo se comparan y contrastan con el Buen Pastor?

En vista de las muchas referencias a ovejas y pastores en la Biblia, tendemos a glorificar esa carrera. Pero, el trabajo de un pastor no es nada fácil. Las ovejas apestan. Son tontas. Requieren cuidado constante y mucha atención. Posiblemente es un buen trabajo para personas introvertidas que les gusta cantar o tocar un instrumento, pero la profesión es de gran riesgo para la vida por los leones, tigres y otros animales feroces que atacan la grey. Es su trabajo proteger a las ovejas y guiarles a aguas tranquilas, entre otras cosas...

Vayamos a Salmo 23 y la descripción que da David del Buen Pastor. Haz una lista de las siete cosas que el pastor hace para sus ovejas.

¿A quién llama David su pastor? Pista: Presta atención a las letras mayúsculas.

Como recordatorio, ¿qué significa SEÑOR (versus Señor)? Puedes volver al capítulo 3 para refrescar la memoria.

¡Sí! ¡YHVH, SEÑOR, YO SOY es, era y siempre será el Buen Pastor!

¿Cómo describe Isaías 40:11 al Buen Pastor?

En Juan 10:1-18, ¿cómo se describe el YO SOY encarnado como pastor, el Buen Pastor?

Y ¿qué nos promete que el Buen Pastor será, según Apocalipsis 7:17?

Volviendo a la lista de lo que un pastor hace para sus ovejas del Salmo 23 y las descripciones del Buen Pastor que es, era y será (en Isaías, Juan y Apocalipsis)... ¿Cómo hace eso el Buen Pastor para nosotros hoy día? Describe al menos cuatro maneras en las que has experimentado al Buen Pastor en tu propia vida. (Hay espacio en la próxima página y al final del libro.)

¡El trabajo del Buen Pastor en tu vida es otro aspecto de tu testimonio de fe!

Lo que mira el Buen Pastor

El Buen Pastor ve con una perspectiva distinta a la del mundo.

¿Te acuerdas de cuando Moisés huyó de Egipto? ¿En qué se convirtió? Sí, un pastor (Ex. 3:1). Sin embargo, el YO SOY tenía un plan mayor para Moisés que atender a animales de lana. Moisés, cuyo nombre significa "salvado de las aguas" no era el salvador. **Su trabajo era señalar a otros a YHVH, el Salvador, el Buen Pastor, quien ama y cuida a Sus ovejas.**

Moisés tomó de su experiencia como pastor para ayudarse a guiar a los israelitas a comida, agua y cuidado. Su trabajo era guiarles al Buen Pastor, el Pan de Vida, el Agua Viva, la Puerta de las ovejas y las otras manifestaciones de quien es el YO SOY.

YHVH usó a otro pastor en la Biblia para acercar a más personas a Él. David, quien escribió el Salmo 23, tenía carrera como pastor hasta que el YO SOY estaba listo para usar sus talentos como pastor para un impacto eterno.

1 Samuel 16:1-13 cuenta la historia de cuando le ungió Samuel. ¿Qué esperaban Isaí (el padre de David), los hermanos de David e incluso el profeta Samuel? ¿Con cuáles ojos estaban viendo?

¿Qué miraba el SEÑOR, o qué estaba buscando? (1 Sam. 13:14; Hch. 13:22)

¿Qué ve el YO SOY que no vemos nosotros?

A quién ve el Buen Pastor

Dios ama a la marginada, la olvidada, la que se siente no vista, desconocida, dejada, o no tomada en cuenta.

El Roí, en hebreo, significa "El Dios que ve."

Génesis 16 es cuando primero se nos presenta esta característica de Dios. Lee el capítulo completo y contesta las siguientes preguntas.

¿Quién era Agar?

¿Qué hizo que Agar se sintiera no vista? ¿Qué otras palabras usarías para describir cómo se sentía Agar?

¿Quién *sí* veía a Agar?

🌹 ¿Qué hizo el YO SOY para mostrar que sí veía a Agar y para afirmarla?

Las historias bíblicas nos ilustran cómo el SEÑOR ve a Su pueblo

El YO SOY ve a Raquel la amada que no podía tener hijos (Gén. 29-30).

El YO SOY ve a Lea la no deseada que no podía ganar el favor del esposo con seis hijos (Gén. 29-30).

El YO SOY ve a la prostituta Rajab que cambió su vida después de proteger a los espías (Jos. 2; Heb. 11:31; Sant. 2:25).

El YO SOY ve a Noemí la amargada (Rut 1), a Tamar la olvidada (Gén. 38), y a Dina la que violaron (Gén. 34).

EL YO SOY ve a la buscadora en la mujer samaritana (Jn. 4), a la sierva en Febe (Rom. 16:1), y a la mujer que sufría de una enfermedad crónica (Lc. 8:43-48)...

🌹 El YO SOY nunca ha dejado de ver a Su pueblo. Completa las frases abajo, siguiendo el mismo patrón de las frases antes mencionadas. Agrega a la lista de abajo dos historias bíblicas más, luego dos historias de tu propia vida o de otras personas en quienes has observado al YO SOY como el Buen Pastor, viéndoles y conociéndoles.

(Historia bíblica) El YO SOY ve

(Historia bíblica) El YO SOY ve

(Hoy) El YO SOY ve

(Hoy) El YO SOY ve

El Buen Pastor nos conoce

> *El Buen Pastor conoce y ve a cada una de nosotras
> y anhela que nos acerquemos más a Él.*

Reflexión de Juan 10:14, ¿creo de verdad que el Buen Pastor me conoce? Si no, ¿me he permitido ser Suya?

Lee los siguientes versículos y toma nota de cómo el Buen Pastor sí te conoce, lo que sabe de ti, y cuánto más te quiere conocer.

Salmo 139

Lucas 12:6-7

Juan 10:3 e Isaías 40:26

¿Sabes que hay más de 1.000.000.000.000.000.000.000 estrellas en el universo conocido? Es más de 1 billón de billones de estrellas. Abraham muy probablemente no tenía idea de cuántos descendientes tendría cuando Dios le prometió tener más que las estrellas incontables del cielo (Gén. 15:5). Sin embargo, como afirma Isaías 40:26, YHVH conoce a cada una por nombre y Su Presencia está allí, anhelando una relación con cada una de ellas.

Al final de Isaías 40:26, la frase, "no falta ninguna de ellas," me recuerda de otra historia sobre ovejas: Lucas 15:1-7.

¿Qué aprendemos del Buen Pastor de la parábola en Lucas 15?

Según Juan 10:11-18, ¿cómo comienza y termina el YO SOY Su descripción del Buen Pastor? ¿Qué hace el Buen Pastor por Sus ovejas?

> *El Buen Pastor y las ovejas tienen una relación*
> *de confianza, dependencia, e intimidad.*
> *Conocer al Buen Pastor me permite creer en Él.*

La cercanía de nuestra relación me permite reconocer Su voz y ser llamada a Él (Jn. 10:3, 4, 16). Hay otros que no son de Su rebaño y que todavía no conocen Su voz. **Una de nuestras bendiciones y responsabilidades es compartir nuestro testimonio de fe en el Buen Pastor, invitando a otros a escuchar y llegar a conocer Su voz.**

Como A.W. Tozer lo expresó, queremos que otros sepan, *"que Dios está aquí y que Dios está hablando."*[9] El desafío es que puede que seamos la única voz que escucha esa otra persona, presentándoles al Buen Pastor. Es nuestra carga, nuestro gozo y nuestra responsabilidad cumplir con la encarnación del YO SOY, individualmente y como iglesia, en las vidas de los demás. Pero ¿cómo lo podemos hacer si no conocemos la voz del Buen Pastor?

Conocer la voz del Buen Pastor

Mi abuelo tenía ovejas cuando mi papá y su hermana llegaron a vivir con ellos. Como hijos adoptivos de 15 y 13 años respectivamente, tuvieron la bendición de llegar a vivir con una pareja cristiana, parientes lejanos, que mis hermanas y yo crecimos conociendo como los abuelos. Ellos no tenían hijos propios, pero vieron la oportunidad de hacer gran impacto en las vidas de mi papá y mi tía.

Se pudiera contar cientos de historias de la granja de ellos, pero en una entrevista breve con mi papá, él compartió, "No crecí con ovejas, pero me maravillé de cómo las ovejas venían cuando tu abuelo las llamaba. Cuando íbamos a ver las ovejas, él las llamaba con un cierto sonido y venían corriendo. Cuando traté por primera vez imitar su sonido, ellas notaron la diferencia y sólo vinieron cuando él las

---

[9] A. W. Tozer, *The Pursuit of God* (Chicago: Moody Publishers, 2015), 81.

llamaba. Las ovejas le conocían, pero no me conocían a mí. Después de meses y meses de intentos, aprendí cómo imitar el sonido y las ovejas venían cuando las llamaba. Aprendí de un pastor maestro a cómo llamar y cuidar a las ovejas. Creo que es por eso que comenzaron a venir cuando también escuchaban mi voz... Hasta el sol de hoy, me acuerdo claramente y todavía puedo hacer el sonido que él hacía. Y, como ya sabes, aprendí mucho más del abuelo que sólo el llamar a las ovejas."

¿Qué aprendemos sobre reconocer la voz del Buen Pastor?

¿Cómo escuchamos la voz del Buen Pastor? ¿Y cómo la distinguimos de otras voces en nuestras vidas?

Finalmente, ¿cómo podemos hacer eco de la voz del Buen Pastor, como mi papá que aprendió de mi abuelo, para poder señalar a otros al Buen Pastor?

Elementos Comunes

En hebreo, *Yahvé Roí* significa **SEÑOR mi Pastor, el que da de comer y que guía.** El cuidado, guía, y provisión del Buen Pastor habla de la relación entre Él y Sus ovejas. El YO SOY, el Buen Pastor, da Su vida por Sus ovejas para que todos seamos parte de Su grey. ¡Qué tremendo recordatorio de la profundidad del amor que el Buen Pastor tiene para con nosotras, Sus ovejas atesoradas!

De los Elementos Comunes: ¿Cuál es un nombre o característica del YO SOY en el que quieres que **crezca o florezca** tu fe?

De los Elementos Comunes: ¿Cuál **espina** se necesita eliminar? Puede ser una perspectiva errada o un pensamiento que impide tu crecimiento.

De los Elementos Comunes: ¿Cuáles son unas maneras en las que una Hermana Rosa de Hierro puede servir como **hierro afilando a hierro** y animarte a **profundizar** tu relación con el YO SOY?

Un mensaje de esperanza, una palabra animadora, o un versículo bíblico que te recuerda del YO SOY.

Fecha: _____

CHAPTER 10

¿Dónde encuentro esperanza? La Resurrección y la Vida

Entonces Jesús le dijo:—Yo soy la resurrección y la vida. El que cree en mí vivirá, aunque muera; y todo el que vive y cree en mí no morirá jamás. ¿Crees esto? (Jn. 11:25-26)

Estoy esperando...

El niño de cinco años anticipa la Navidad. La madre anhela una noche de sueño sin interrupción. El abuelo espera ver a sus nietos nuevamente.

La estudiante espera que acabe el semestre. El empleado desea una promoción. La trabajadora anticipa unas vacaciones. La esposa súper estresada anhela que esta etapa de la vida pase.

Todos estamos esperando.

Esperamos en anticipación de lo que está por venir. Y mucho de nuestro esperar está acompañado de esperanza y expectativas positivas. Sin embargo, el paciente que espera noticias del doctor posiblemente prefiere extender el tiempo de espera para no escuchar las noticias que el cáncer ha vuelto. La esposa joven que lleva años tratando de quedar embarazada no quiere pasar otro mes esperando a ver si sus sueños se han hecho realidad o no.

Todos estamos esperando.

Describe un tiempo en el que anticipabas algo o esperabas con buenas expectativas (ej. una bicicleta por el cumpleaños, una visita de una amiga, una graduación, un nuevo trabajo...)

Ahora describe un tiempo en el que observaste a otra persona esperando, anticipando algo con ansias y mucha emoción. (¡Sin decir nombres!) ¿Qué pasó al observarles? ¿Te emocionaste? ¿Te pusiste celosa? ¿Ni los tomaste en cuenta? ¿Coincidieron sus anhelos y sueños con los tuyos?

Un hombre con el que salí en mis años más jóvenes me contó la historia de cómo su papá le había llenado de tremenda anticipación de un regalo especial de Navidad. Su papá no le daba ninguna pista sobre lo que era; sólo le decía que era "el mejor regalo que jamás puedes imaginar." Adelanta la historia a la Navidad cuando éramos novios... Para crear anticipación por el regalo que me iba a dar, usaba la misma frase sin ninguna otra pista. "Será el mejor regalo que te puedes imaginar," repetía con una sonrisa.

Esperé y anticipé, anhelando que fuera un anillo de compromiso, la promesa de su amor y nuestro futuro juntos. Pero te cuento que mi regalo ese año no fue un anillo de compromiso. El mejor regalo que *yo* podía imaginar y el mejor regalo que *él* podía imaginar eran muy distintos.

¿Qué pasa cuando nuestros sueños y expectativas no se cumplen? ¿Qué significa la expresión "pasar por el duelo de las expectativas no cumplidas"?

Las personas nos fallan. Nuestras expectativas no se cumplen. Las cosas no siempre salen como quisiéramos. Esperamos algo que no llega a pasar. Y podemos desanimarnos y llegar a desconfiar de otros cuando hemos sufrido por promesas no cumplidas en el pasado. **Barreras de confianza se presentan y nuestro lente manchado distorsiona la perspectiva que tenemos de la fidelidad del YO SOY o de las maneras en las que creemos en la esperanza que Él provee.**

¿Has experimentado un tiempo en que las promesas de YHVH para hacer más allá de lo que esperamos o imaginamos no coincidió con lo que esperabas, anticipabas o en lo que habías puesto tu esperanza? ¿Cómo impactó positiva o negativamente tu fe en Él?

El Esperar

Posiblemente has notado un intercambio de términos de las palabras "esperar," "anticipar," "poner la esperanza," y "anhelar" en las historias y preguntas de este capítulo. Hay intencionalidad en la naturaleza intercambiable de esas expresiones en muchos idiomas.

En español, como en el hebreo, hay un sólo verbo para "esperar" (*qavah*), aunque tiene diferentes connotaciones en diferentes contextos. Pensemos y reflexionemos en las diferentes interpretaciones de este verbo.

Miqueas 7:7 da un buen ejemplo de los tres conceptos en el mismo versículo:

> Pero yo he puesto mi esperanza en el Señor; yo espero en el Dios de mi salvación. ¡Mi Dios me escuchará!

Si yo *"he puesto mi esperanza"* en algo, anticipo que se va a cumplir.

Yo *"espero en el Dios de mi salvación,"* sin saber cuándo se va a realizar, pero sigo con la expectativa.

Y creo, esperando con confianza y certeza que sí *"¡Mi Dios me escuchará!"*

¡Qué bendición!

¿Cómo impacta tu entendimiento de este versículo al ver la conexión entre el poner la esperanza, el esperar, y el anticipar como algo dado por hecho?

Veamos dos versículos más, insertando tres posibles traducciones, para obtener un entendimiento más profundo. Basado en cualquier traducción de la Biblia que escojas, Isaías 40:31 posiblemente use la palabra esperar o confiar en la primera frase del versículo. ¡Y ahora entiendes por qué diferentes traductores escogen diferentes palabras!

Escribe la primera frase de Isaías 40:31 insertando cada una de las siguientes palabras: esperar, poner la esperanza en y anticipar. Al hacer este ejercicio, puede que una nueva imagen o interpretación te viene a la mente al intercambiar la traducción del verbo hebreo original. Bien puedes dibujar algo también al expandir nuestro entendimiento de las promesas de Dios.

Esperar: *Los que esperan en el SEÑOR renovarán sus fuerzas.* (LBLA)

Poner la esperanza:

Anticipar:

Ahora, haz lo mismo con Salmo 31:24.

Esperar:

Poner la esperanza:

Anticipar:

¿Qué trae a la luz este ejercicio sobre las características del YO SOY y la esperanza que ponemos en Él? ¿Cómo se conecta esa esperanza con el creer?

🌹 De los Elementos Comunes: ¿Cuál es un nombre o característica del YO SOY en el que quieres que **crezca o florezca** tu fe, por esperanza?

La esperanza de la resurrección

> *Mi fe en la esperanza de la resurrección*
> *es imposible sin creer en la resurrección misma.*

Vuelve a leer esa frase y escríbela abajo.

Reflexión: ¿Creo de verdad en la resurrección?

Marta tenía que contestar esa pregunta cuando sus expectativas no se cumplieron con respecto a cómo Jesús cuidaría a su hermano. Marta no quería que su hermano muriera, pero su esperanza en la resurrección la sostuvo cuando la muerte era la cruel realidad dentro de su familia. Sin embargo, aprendemos, junto con Marta, que su entendimiento inicial y su fe en la resurrección eran incompletos...

Vamos a Juan 11 para leer esta historia desde su perspectiva, el contexto para la declaración del YO SOY en este capítulo.

Según Juan 11:1-16, describe la relación entre Jesús, Marta y sus hermanos.

Muchas veces criticamos a Marta por su papel y su enfoque errado en Lucas 10:38-42. **Sin embargo, en esta historia, ¡Marta es la a quien Jesús proclama y revela Su identidad!** Prestando atención a las interacciones entre Marta y Jesús, lee Juan 11:17-27.

En Juan 11:20, vemos que Marta no esperó a que Jesús llegara a la casa, sino que fue a su encuentro para recibirlo. Imagínate en ese camino polvoso entre Betania y Jerusalén. Esa calle muy transitada seguro tenía otros viajeros y vendedores que Marta pasó en su camino a encontrar a Jesús. Piensa en los olores, los sonidos, la tierra seca y llena de piedras bajo las sandalias muy desgastadas... ¿Será que Marta agarró un manto adicional antes de salir corriendo de la casa, empujándose entre otros dolientes que acompañaban a ella y su hermana?

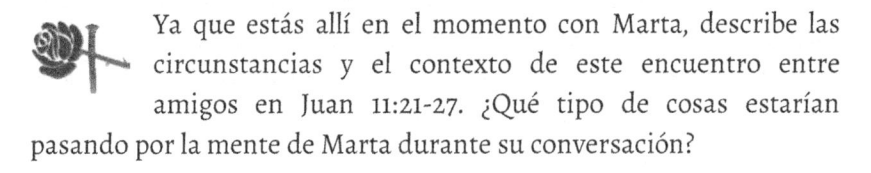

Ya que estás allí en el momento con Marta, describe las circunstancias y el contexto de este encuentro entre amigos en Juan 11:21-27. ¿Qué tipo de cosas estarían pasando por la mente de Marta durante su conversación?

Quédate en el momento con Marta... En medio de su dolor, el ruido de la calle, y todo lo demás, el YO SOY se revela como la Resurrección y la Vida.

¿Cuál es el significado de la declaración del YO SOY que comparte Jesús con Marta (el significado de lo que dice y lo que significa que lo haya revelado a una mujer)?

¿Cómo reaccionarías si Jesús te dijera directamente, "YO SOY la Resurrección y la Vida"?

Marta responde con fe, aún antes de que Jesús revela Quién es.
¿Qué cree Marta (antes y después de la declaración del YO SOY)?

Marta no es el personaje principal en Juan 11:28-38, pero allí encontramos elementos críticos de la historia y cómo Jesús se revela como la Resurrección y la Vida. ¿Qué observamos sobre María y algunos de los otros judíos?

Ahora para la última parte de la historia desde la perspectiva de Marta... Lee Juan 11:38-40 y toma nota de la conversación entre Marta y Jesús. Basado en los encuentros anteriores, ¿cuál crees que era el tono de esta parte de la conversación? ¿Cómo respondió Jesús a sus dudas?

En Juan 11:41-45, ¿qué afirma Jesús sobre Su propósito e identidad?

¿Cómo informan el propósito y la identidad del YO SOY a nuestro propósito e identidad?

Fe en una esperanza que no nos avergüenza

En Juan 11:4, antes de que Marta entre en el escenario, Jesús explica a Sus discípulos el propósito de los eventos de los días venideros. ¿Cuál era?

¿Cuántas veces en Juan 11 vemos la palabra "creer"? ¿Qué revelan esas ocurrencias sobre el YO SOY y los que vieron lo que hizo?

¿Cuáles serían los puntos más resaltantes de los testimonios de fe de ese día, como los compartirían Marta, María, los discípulos, los demás judíos o hasta el mismo

Lázaro? Escoge a uno de esos personajes y anota cómo pudieran compartir su testimonio de fe de ese día.

¿Te puedes imaginar el testimonio de Lázaro? No muchas personas experimentan una revelación tan obvia del YO SOY como la Resurrección y la Vida. ¿En qué áreas de tu vida has observado resurrección? Ideas: una amistad o un matrimonio resucitado... ser restaurada a salud... paz económica... una vida transformada...

¿Cómo llegamos a creer en la resurrección? ¿Qué nos trae a nuestros testimonios de fe en la esperanza de la resurrección?

Otra forma de hacer la pregunta, usando los Elementos Comunes: ¿Cuál **espina** está impidiendo tu fe o tu esperanza en la resurrección?

Lee Romanos 5:1-5 y Salmo 25:1-7 para contestar las siguientes preguntas: ¿Qué tipo de esperanza están describiendo Pablo y David? ¿De dónde viene esa esperanza o cómo se desarrolla?

¿Cómo has visto la esperanza y la fe crecer a través de las dificultades? (Rom. 8:24-25 posiblemente te dará mejor visión sobre por qué eso pasa. No se te olvide compartir un testimonio de fe en el YO SOY en medio de las pruebas... quizás un tiempo en el que sentiste que Él no estaba presente.)

Nombra tres maneras específicas en las que podemos guardar esperanza en circunstancias difíciles (puede ser un día estresante, una relación complicada, una situación complicada...)

> *Mi esperanza en el YO SOY jamás me va a avergonzar porque la Resurrección y la Vida siempre es, siempre era y siempre ha de venir.*

A través de los Elementos Comunes, estimulémonos al amor y a las buenas obras, recordémonos de la esperanza que tenemos en

Cristo, y nos desafiémonos para compartir esa esperanza con otros, juntas como Hermanas Rosa de Hierro.

> [23] *Mantengamos firme la esperanza que profesamos, porque fiel es el que hizo la promesa.* [24] *Preocupémonos los unos por los otros, a fin de estimularnos al amor y a las buenas obras.* [25] *No dejemos de congregarnos, como acostumbran hacerlo algunos, sino animémonos unos a otros, y con mayor razón ahora que vemos que aquel día se acerca.* (Heb. 10:23-25)

De los Elementos Comunes: ¿Cuáles son unas maneras en las que una Hermana Rosa de Hierro puede recordarte sobre la esperanza de la resurrección o servir como **hierro afilando a hierro** y animarte a **profundizar** tu relación con el YO SOY?

Espero, pongo mi esperanza en, y anticipo

En las Escrituras, aprendemos sobre una gran multitud de los fieles que esperó, pero jamás vio lo que se prometió:

> *"Aunque todos obtuvieron un testimonio favorable mediante la fe, ninguno de ellos vio el cumplimiento de la promesa. Esto sucedió para que ellos no llegaran a la meta sin nosotros, pues Dios nos había preparado algo mejor."* (Heb. 11:39-40)

Cuando leo estos versículos, encuentro esperanza que en la perspectiva de Dios es mayor que la mía. Nuestras perspectivas sobre las cosas que esperamos, anticipamos o anhelamos son únicas. Diferentes culturas, contextos y circunstancias de la vida traen a la luz perspectivas distintas de la esperanza. Observamos a otros cuyas oraciones son contestadas, se cumplen sus expectativas, o en contraste, las injusticias del mundo que destruyen nuestra esperanza.

> *"La esperanza,"* escribió N. T. Wright, *"es lo que obtienes cuando de repente te das cuenta de que sí es posible una cosmovisión distinta, una vista*

mundial en la que los ricos, los poderosos, y los inescrupulosos no tienen la última palabra. El mismo cambio de cosmovisión que nos demanda la resurrección de Jesús es el cambio que nos permitirá transformar el mundo."[10]

La esperanza verdadera sólo se encuentra en el YO SOY, la Resurrección y la Vida.

> *Y me pregunto: ¿Busco esperanza en la respuesta a mis oraciones o en Él, quien es la respuesta? Su respuesta es "¡YO ya SOY!"*

La esperanza eterna de una vista resucitada

¿Cuál es la mayor esperanza que tenemos en Cristo?

Todo el capítulo de 1 Corintios 15 describe diferentes facetas y aplicaciones de la resurrección. Para los propósitos de nuestro enfoque en el YO SOY como la Resurrección y la Vida, resaltaremos sólo el principio y el final del discurso de Pablo.

1 Corintios 15:1-11 provee un resumen excelente del evangelio, las buenas nuevas. Resume el evangelio o las buenas nuevas en tus propias palabras, usando 1 Corintios 15 como modelo.

Describe la esperanza que se encuentra en el evangelio.

---

10 Citado por Rachel Held Evans en *Inspired* (Nashville: Nelson Books, 2018), 185..

Entonces, si nos hemos unido con Cristo en Su resurrección (Rom. 6:1-4) y hemos nacido de nuevo para vivir en esperanza viva (1 Pedro 1:3), ya estamos participando en la vida eterna en Él, tal como nos lo prometió.

> *Para que haya una resurrección, primero tiene que haber una muerte. Sin embargo, 1 Corintios 15:53-58 afirma que aunque la muerte es inevitable, no tiene que ser eterna.*

Y cuando nos aferramos a la esperanza de las buenas nuevas del evangelio (Col. 1:23), también reconocemos que la intención es compartirla con otros (Col. 1:3-12, 23-27).

Nuestros propios testimonios de fe en la resurrección y nuestros ejemplos de vivir una vida resucitada son una invitación para otros a la esperanza eterna que se encuentra en el YO SOY.

¿Cómo vas a compartir la esperanza de la resurrección usando tu testimonio de fe esta semana? ¡Sé específica!

Por esto tengo esperanza

En conclusión, vamos a Lamentaciones 3:21-24.

Nuestra esperanza y Sus misericordias son nuevas cada mañana porque el YO SOY *ya* es, era y será la Resurrección y la Vida. ¡Amén!

Hay muchas canciones que se han escrito usando la letra de Lamentaciones 3. Si conoces a una de ellas, ¡cántala! Si no conoces ninguna, puedes buscar una por el internet. Luego también cuando te reúnes con tus Hermanas Rosa de Hierro, pueden escuchar o cantar una de esas canciones.[11]

Al compartir la esperanza eterna del YO SOY, la Resurrección y la Vida, ¡aferrémonos a la confesión de nuestra esperanza!

Finalmente, mi oración para ti esta semana viene de Romanos 15:13, *"Que el Dios de la esperanza los llene de toda alegría y paz a ustedes que creen en él, para que rebosen de esperanza por el poder del Espíritu Santo."*

Fecha: _____

---

[11] Si les interesa una en inglés, se llama *"The Steadfast Love of the Lord Never Ceases"* (El gran amor del SEÑOR nunca se acaba).

CAPÍTULO 11

¿En quién creo?
El Camino, la Verdad y la Vida

*—Yo soy el camino, la verdad y la vida —le contestó Jesús—.
Nadie llega al Padre sino por mí. (Juan 14:6)*

Muchos nos recomendaron un carpintero talentoso en un pueblo de Venezuela. Las maravillas que cantaron de él nos inspiraron a un viaje en carro de cuatro horas desde la capital, Caracas, hasta Quibor. Estábamos buscando regalos de alta calidad, únicos y hechos a mano de Venezuela. Además, sabíamos que si íbamos al lugar donde se hacían, encontraríamos mejores precios que con los revendedores en la capital.

Antes de que saliera el sol un sábado por la mañana, partimos, determinados a ir y regresar en un solo día. Pero, no contamos con el tiempo que se tomaría ubicar al carpintero talentoso... Para esa región, era común la falta de avisos en la calle y números en las casas. Así que una vez que llegamos a Quibor, seguros que estábamos en la zona correcta de la ciudad, bajamos los vidrios del carro y comenzamos a preguntar a las personas en la calle sobre el carpintero cuyo taller se encontraba detrás de su casa. (Ya no me acuerdo del nombre de su taller.)

Cada persona a la que pedimos direcciones tenía gran deseo de ayudarnos. Pero sólo una o dos de la docena, o más, de personas a quienes preguntamos sabía de verdad cómo decirnos a dónde ir.

Casi al punto de rendirnos, conocimos a un joven que sí sabía exactamente a quién estábamos buscando. En ese día sumamente caluroso, el muchacho, con mucha paciencia, caminó al lado de nuestro carro las últimas cuadras para asegurar que llegáramos bien a la casa del carpintero. Cuando llegamos, conocimos al artista y vimos sus artesanías, quedamos sin duda de que había valido la pena toda la trayectoria y el tiempo que tomamos.

Al comenzar el viaje de regreso, preguntábamos si había un camino más directo para llegar a su taller. Sin embargo, la belleza de su trabajo en cada una de las piezas que compramos permitió que el estrés que teníamos antes se bajara totalmente. Hasta pudimos reírnos de la cantidad de personas que nos habían mandado en la dirección equivocada.

Años después, al reflexionar sobre los sucesos de ese día, la aplicación espiritual de esta historia se me ha hecho más evidente.

En vista del versículo central de este capítulo, Juan 14:6, ¿qué lecciones sacas de esta historia ilustrativa?

Todos tienen una opinión, sólo la de Dios importa

Muchas personas famosas proponen una variación u otra de la siguiente expresión, en defensa de la cantidad de religiones que promocionan: "Todos los caminos te llevan a Roma; todos te llevan a Dios."

¿Cómo hablas con alguien que cree esa mentira?

¿Por qué nos cuesta aceptar la verdad absoluta que hay sólo *Un* Camino, *Una* Verdad y *Una* Vida?

De los Elementos Comunes: ¿Cuál **espina** se necesita eliminar para creer plenamente en el Camino, la Verdad y la Vida?

Un consuelo o una confrontación

En conversaciones y en estudios bíblicos por muchos años con muchas mujeres, he observado una marcada diferencia en sus reacciones a Juan 14:6.

¿Por qué esta frase de Jesús "YO SOY el Camino, la Verdad y la Vida" da consuelo para unas y es una confrontación para otras? ¿Qué marca la diferencia en sus reacciones?

Viviendo la vida

La vida de los cristianos no es perfecta, pero nos promete que sí es una vida llena de amor, gozo, paz, paciencia, benignidad, bondad, fe, mansedumbre y templanza o dominio propio (es decir, el fruto del Espíritu, Gál. 5:22-23); una vida con el apoyo de la familia en Cristo, la esperanza de los cielos y muchas otras promesas de Dios.

Anhelamos una buena vida, pero nos olvidamos que *Él* es la Vida, no "una vida ideal" como la imaginamos vivir aquí en la tierra.

Invertimos el orden. Buscamos "la vida" que pensamos que queremos, olvidándonos que el Camino a la Verdad nos lleva a la Vida Verdadera.

¡Dame la vida que quiero! Pero, un momento. ¿Quieres decir que tengo que aceptar sólo una Verdad y un Camino? Pues... ¡Muy bien, entonces, dame a Jesús (sin entender que Él ES la Vida)! Pero... Entonces, ¿tengo que aceptar Sus mandatos y seguir Sus pasos (la Verdad y el Camino)?

A. W. Tozer lo expresa de la siguiente manera: *"Mucha de nuestra dificultad como cristianos buscadores sale de nuestra falta de disposición de tomar a Dios tal como es y ajustar nuestras vidas en consecuencia."*[12]

¿Cuál es tu reacción a la cita de A.W. Tozer y el concepto de los que quieren "la vida" sin aceptar el Camino o la Verdad?

De los Elementos Comunes: ¿Cuál es un nombre o característica del YO SOY en el que quieres que **crezca o**

---

[12] A.W. Tozer, *The Pursuit of God* (Chicago: Moody Publishers, 2015), 105.

florezca tu fe?

La vida eterna

El consuelo que tenemos al saber y creer en el Camino, la Verdad y la Vida es otra faceta de nuestro testimonio de fe, una que tenemos el honor y privilegio de compartir con otros. Tenemos la oportunidad de invitar a otros a la manera de vivir eternamente, la vida que llevamos con certeza y confianza a través del creer.

¡La promesa de la vida eterna es maravillosa, especialmente porque significa que pasaremos la eternidad con Dios! Pero ¿sabías que la vida eterna no comienza con la muerte física, sino que participamos de la vida eterna desde el punto de nuestra muerte espiritual en el bautismo (Rom. 6:1-4)?

Los términos "vida" y "vida eterna" se intercambian en el evangelio de Juan, como lo hace también en sus otras cartas: 1, 2, y 3 de Juan.

> *La vida eterna que se promete no sólo se trata de los cielos.*

1 Juan 5:6-13 nos da tremenda confianza de la vida eterna como una faceta inseparable de la vida en el Hijo.

Y aunque hemos celebrado nuestros testimonios de fe a lo largo de este libro, Juan nos recuerda que "el testimonio de Dios vale mucho más" y que es Su testimonio que tenemos dentro de nosotros (1 Jn. 5:9-10). El Espíritu da testimonio de esa verdad (1 Jn. 5:6). ¡Nuestros testimonios son una reflexión e encarnación de Su testimonio!

¿Cuál es el testimonio de Dios en 1 Juan 5:11-12?

La Verdad en la Palabra

El Verbo que se hizo carne y habitó entre nosotros (Jn. 1:14), no sólo habla la verdad, más también personifica la verdad. **La encarnación del YO SOY es Verdad, y eso significa que la Verdad, así como Dios, jamás cambia (Heb. 13:8).** El YO SOY que es, era, y ha de venir es fiel, confiable, y verdadero.

¿Qué significa para tu vida diaria que la Verdad nunca cambia?

La Palabra de Dios, escrita en las páginas de la Biblia tampoco cambia. La Verdad de la Palabra poderosamente corta las mentiras de Satanás, tal como Jesús demostró cuando fue tentado en el desierto (Mt. 4:1-11; Lc. 4:1-13). Un libro entero está dedicado a las maneras prácticas en las que podemos combatir las mentiras de Satanás que nos atacan en maneras muy personales: *¿Quién tiene la última palabra? Cortando las mentiras de Satanás con la verdad de la Palabra de Dios*, escrito por mí misma. Ese estudio bíblico interactivo, un cuadro de Mentira/Verdad y otros recursos están disponibles en la página web del ministerio: www.HermanaRosadeHierro.com

Liderazgo lleno de gracia para encontrar el Camino

No todos tienen un espíritu pionero. Familias que exploraron tierras desconocidas no sabían lo que les esperaba, pero prosiguieron, creyendo en la promesa de lo que les esperaba. Historias y rumores les hizo difícil discernir entre la verdad y la mentira. Los primeros exploradores que navegaron crearon mapas y abrieron caminos haciéndole más fácil a quienes estaban por venir por esos mismos caminos luego.

> *Cuando se trata de saber a dónde ir, es más fácil seguir el camino de alguien que ya ha pasado por allí o dejar que alguien te guíe.*

Los israelitas, al salir de Egipto, no tenían un espíritu pionero. Se habían acostumbrado a su vida anterior y muchas veces se quejaban por el camino, como hemos explorado en capítulos anteriores.

¿Cómo guía el SEÑOR a Su pueblo en Éxodo 13:21-22 y les dirige en Éxodo 40:34-38?

En Nehemías 9, vemos una referencia a esa misma parte de la historia del éxodo. En ese capítulo, Nehemías resume muchos de los paralelos que hemos visto entre Éxodo y Juan.

Para poner a Nehemías 9 en su contexto: Después de regresar de exilio en Babilonia, para volver a construir el muro, Nehemías, junto con Esdras el escriba, facilitan una lectura de la Ley. Luego, siendo compungidos por lo que leyeron, los israelitas pasan un día leyendo del Libro de la Ley, confesando sus pecados, y adorando al SEÑOR su Dios.

> *«¡Vamos, bendigan al SEÑOR su Dios desde ahora y para siempre! ¡Bendito seas, SEÑOR! ¡Sea exaltado tu glorioso nombre, que está por encima de toda bendición y alabanza!* (Neh. 9:5b)

En celebración de quién es el SEÑOR y lo que ha hecho por Su pueblo, cuentan muchos de los aspectos de la historia de Éxodo que hemos estudiado en este libro.

Cuando resumen la historia de Éxodo en Nehemías 9:6-25 ¿qué señales o sombras vemos de la encarnación de YHVH a través de las declaraciones del YO SOY en Juan 14:6 (el

Camino, la Verdad, y la Vida)? ¿Se nota otra señal o presagio en este capítulo de Nehemías?

La historia no termina en Nehemías 9:25. ¿Qué pasa en los versículos 25-38?

¿Notaste las referencias a la compasión, las misericordias y el amor fiel de Dios (Neh. 9:27-33)? ¿Qué papel tienen esas facetas del YO SOY en nuestro andar por el Camino?

¿A quién sigues?

Jesús, el YO SOY encarnado nos dejó un ejemplo para que siguiéramos sus pisadas (1 Ped. 2:21) ¿Alguna vez te han invitado a seguir el ejemplo de alguien? ¿Cómo te sentiste? ¿Qué hizo que la persona fuera fácil o difícil de seguir?

¿Qué dice 1 Corintios 3:4-9 sobre el seguir a otros?

Mientras trabajaba con el ministerio de misiones para la Iglesia de Cristo del Norte de Atlanta, me invitaron a ser parte de un equipo bilingüe que se iba a mudar a Denver, Colorado, para trabajar con una congregación nueva (de habla inglesa) y ayudar a establecer nuevas congregaciones de habla hispana. En la ciudad de Denver, en ese tiempo, más de 33% de la población era hispanohablante. ¡Pero no había congregación hispana en el área metropolitana de Denver!

Inspirada por el desafío y por el equipo que se estaba formando, consideré la posibilidad de unirme a ellos. El misionero anterior en Venezuela, Bob Brown, para quien yo trabajaba en ese momento y quien servía como mi mentor, me animó a ir. Pero, titubeé... parte de mi resistencia venía del saber que muchos dirían que yo estaba yendo sólo para seguir a Bob, su esposa, Kelly, y su familia.

Luchando con mi decisión, una tarde, en la oficina de Bob, conversamos sobre los pros y los contras de mi posible mudanza. Por fin admití que uno de mis mayores impedimentos era que no quería que la gente pensara que estaba siguiendo a un hombre. Quería que fuera claro que yo estaba siguiendo a Cristo porque Él es el único a quien debemos seguir.

Sin ser afectado por mis declaraciones de acusación, Bob respondió, "Deberías leer 1 Corintios 11:1."

De manera inmediata, le respondí, "¡Lo he leído! ¡Y muchas veces! Y tengo un problema con ese versículo. ¿Qué hay de 1 Corintios 3 que advierte contra seguir a Pablo o Apolos?"

Recomendó que volviera a leer los dos pasajes (1 Cor. 3 y 1 Cor. 11:1) hasta que hiciera paces con los versículos. Y así hice, especialmente cuando me enfoqué en la segunda parte de 1 Corintios 11:1.

Una de mis prácticas favoritas para el estudio bíblico es leer múltiples versiones de la Biblia para un entendimiento más profundo, rico y amplio del texto. Permíteme ilustrar eso con 1 Corintios 11:1 abajo. Subraya la segunda parte de cada una de las versiones de 1 Corintios 11:1 abajo.

Sed imitadores de mí, como también yo lo soy de Cristo. (LBLA)

Sigan ustedes mi ejemplo, como yo sigo el ejemplo de Cristo. (DHH)

Imítenme a mí, como yo imito a Cristo. (NVI)

Sed imitadores de mí, así como yo de Cristo. (RV60)

¿Qué entiendes de 1 Corintios 11:1?

Aprendí una lección valiosa a través de mucha oración y un estudio de 1 Corintios. Comencé a valorar más profundamente las relaciones en mi vida que modelaban el caminar cristiano. **Enfocarnos en el Camino, la Verdad, y la Vida nos permite animarnos los unos a los otros por el camino, al proveer ejemplos personales y prácticos para nuestra vida diaria.**

La definición de una Hermana Rosa de Hierro personifica ese tipo de relación. Ninguna de nosotras es perfecta, ¡para nada! Pero, a través de la fe en Cristo que tenemos en común, podemos crecer y florecer juntas como hierro afilando a hierro.

De los Elementos Comunes: ¿Cómo puede una Hermana Rosa de Hierro animarte y desafiarte a creer en el YO SOY como el Camino, la Verdad y la Vida? ¿Cuáles son unas maneras en las que servir como **hierro afilando a hierro** y animarte a **profundizar** tu relación con el YO SOY?

Un mensaje de esperanza, una palabra animadora, o un versículo bíblico que te recuerda del YO SOY.

Si conocemos al YO SOY, conocemos el Camino y evitamos los desvíos.

Si conocemos al YO SOY, conocemos la Verdad y fácilmente podemos reconocer las mentiras.

Si conocemos al YO SOY, conocemos la Vida y podemos ignorar las sombras de ella.

Fecha: _____

Capítulo 12

¿A dónde voy desde aquí?
La Vid Verdadera

»*Yo soy la vid y ustedes son las ramas. El que permanece en mí, como yo en él, dará mucho fruto; separados de mí no pueden ustedes hacer nada. (Jn. 15:5)*

¡Oh, cuán lejos llegarás! escrito por Dr. Seuss es un regalo popular para los que se gradúan de la secundaria o de la universidad. Una de mis citas favoritas del libro es:

> *Con cerebro en la cabeza*
>
> *y dos pies en el calzado*
>
> *puedes descubrir el mundo donde quieras, de inmediato.*

Siempre tenemos una elección. Puede que no sea fácil. Puede que sea llena de circunstancias indeseadas. **Pero la decisión más importante que podemos tomar es la de siempre seguir mirando al YO SOY y creyendo en El.**

¿Cuál dirección lleva hacia arriba?

Mi vida a menudo se ha desorientado. He vivido en seis estados de los EE. UU. (tres de ellos dos veces) en diecinueve residencias distintas. He volado a muchos países, montado trenes y buses, y he manejado cientos de miles de kilómetros. Recibida por muchas familias cristianas amorosas en sus casas y durmiendo en hoteles, se me ha olvidado en dónde estoy, qué día es, o hasta quién soy yo, cuando me despierto. Salas de espera en un hospital o en aeropuertos tienden a desorientarnos aún más porque estamos desconectados de la vida normal. El tiempo se convierte en un concepto elusivo mientras el resto del mundo sigue dando sus vueltas; tú sólo esperas.

Enfermedad, adicción, trauma… bebés, graduaciones, nuevos trabajos… muerte, tragedia, pérdida…

En los momentos difíciles, hasta surrealistas de la vida, podemos sentirnos como una cáscara de quien somos, desacopladas de todo y meramente pasando por los movimientos. Como una persona lo describió, "alcanzar o ponerte al corriente de ti misma." ¡Sí!

Toda madre joven resonaría el sentir de esa expresión, "ponerte al corriente de ti misma." Por ejemplo, cuando alguien se refiere a algo de la década de los 80s, mi mamá suele responder, "No sé. Es la década que perdí mientras criaba a mis hijas."

Nombra un tiempo desorientador por el que has vivido (una experiencia positiva o negativa). Es posible que haya más de uno y no es una competencia para ver cuál de nuestras vidas ha sido más llena de pruebas o celebraciones.

¿Qué te permitió salir de ese tiempo difícil o período de transición?

Se te ven las raíces

Mientras más viejas nos ponemos, más pruebas y celebraciones enfrentamos. Y lo que más importa es que estemos arraigados (Col. 2:7; Sal. 1:3).

Voy a envejecerme tranquilamente, aún si implica que tenga más canas que mi mamá (ya las tengo). Como mi hermana lo explicó una vez, "Tanto tú como nuestra mamá tienen cabello de sal y pimienta, pero el de ella es bajo en sodio."

Una de mis mejores amigas es peluquera y sé que haría muy buen trabajo con mi cabello, pero no quiero esclavizarme al tinte. Ella siempre me ruega para que le deje pintarme el cabello, pero jamás lo voy a permitir.

No es que temo que alguien me diga, "Se te ven las raíces," porque lo tomaría como un cumplido.

Sí, lo leíste bien. "Se te ven las raíces" puede ser un cumplido, espiritualmente hablando. Durante los tiempos difíciles, ¿se te va el aliento o estás cimentada en tu fe (Ef. 3:17)? ¿Te tumban las tormentas de la vida o estás bien fundamentada en la Palabra?

Toma un momento hoy para revisar las raíces. Pasa un tiempo en la Palabra y en oración. La próxima vez que te vea, me encantaría guiñarte el ojo y decirte, "Hermana, ¡se te ven las raíces!"

¿Qué evidencia hay cuando vemos nuestras raíces o las de otras personas?

Conectadas a tierra

Cuando un adolescente es castigado, a veces no se le permite salir por un tiempo determinado. Los padres le quitan algunos privilegios como una forma de disciplina y para "conectarlos nuevamente a tierra." Se han ido demasiado lejos de lo que han sido enseñados y es el deseo de los padres guiar su aprendizaje, fortalecer su carácter, y renovar su enfoque en las cosas correctas.

> *La disciplina tiene muchas connotaciones negativas, pero es para nuestro bien. Cuando nos olvidamos de quiénes somos, ya no estamos conectadas a la tierra. Estamos desconectadas de donde salen nuestras raíces establecidas en el **YO SOY**.*

Podemos ver la disciplina como castigo y carga, o como una invitación y oportunidad.

¿Qué invitaciones u oportunidades puedes aprovechar esta semana para conectarte a la tierra y fortalecer las raíces en el **YO SOY**?

¿Qué dice Apocalipsis 22:16 sobre las raíces?

El Jardinero Divino ha tenido un plan desde el principio sobre cómo podemos permanecer en Él e invitar a otros a una relación con Él.

Nuestro texto central para este capítulo, Juan 15:1-17, y la declaración del YO SOY son una afirmación de la importancia de establecer las raíces, especialmente cuando estamos inseguras de adónde ir o qué hacer. Antes de seguir, lee Juan 15:1-17 en al menos dos versiones distintas de la Biblia.

¿Cuál es el verbo más repetido en Juan 15:1-17? ¿Y cuántas veces se usa? (Las respuestas pueden ser diferentes por las diferentes versiones de la Biblia.)

Permanecer y morar

Permanecer y morar son términos arraigados y de largo plazo, no algo temporal. Aprendí que hay una diferencia entre las preguntas, "¿Dónde vives?" o "¿Dónde te quedas?" para individuos cuyas vidas hogareñas no son muy estables. Muchos amigos que han adoptado niños cuentan la bendición de proveer un hogar seguro por el tiempo que necesiten los niños que están bajo su cuidado.

El mundo no es nuestro hogar, ¿verdad? Y como todos somos niños de corazón, anhelando un hogar, me gustaría proponer un refrán adicional a *¡Oh, cuán lejos llegarás!* por Dr. Seuss.

¿Vives en casa grande?

¿Vives en casa pequeña?

¿Vives en casa que no es tuya?

Yahvé es tu hogar.

Permanece en Su amor.

Quédate y sal de allí para a otros invitar.

🌹✝ ¿Qué significa permanecer en el YO SOY que es amor (1 Jn. 4:8; Jn. 15:9)? Si lo has experimentado, descríbelo. Si no, expresa lo que anhelas que sea en Él. Puedes dibujar lo que te imaginas sobre el morar en el hogar de Yahvé. Puedes hacer una lista, citar un versículo bíblico, escribir un poema... Pasa un tiempo reflexionando en y morando en la Presencia del YO SOY.

🌹✝ ¿Qué quiere decir que el YO SOY permanece en ti? Sé específica sobre las maneras de ver y realizar esto. Nuevamente, lo puedes dibujar, hacer una lista, citar un versículo bíblico, escribir un poema...

Reorientar nuestras reacciones

Cuando el YO SOY reside en nosotros, somos transformados, sin importar las circunstancias.

El paciente recuperándose de una operación; la nueva madre que anhela dormir tres horas seguidas; el estudiante preparándose para los exámenes; la hermana sosteniendo el cabello de la amiga durante los tratamientos para el cáncer; la familia tumbada por la pérdida de un niño; los recién casados navegando el matrimonio después de celebrar una boda; la empleada aprendiendo un nuevo trabajo...

Impacientes con nosotras mismas en el proceso, se nos hace más fácil mostrar ira que amor, quejarnos en vez de encontrar gozo, sentirnos desorientadas y no con paz, cortar nuestras palabras o las de otros en vez de ser pacientes; se nos hace más fácil reaccionar que ser benignas, escoger lo que es más rápido que lo que es bueno y correcto, rendirnos en vez de permanecer fieles; más fácil ser ásperas que mansas, ser libertinos en vez de demostrar dominio propio.

> *Pero, si estamos arraigados en el YO SOY, mirando al SEÑOR, creyendo en el nombre de YHVH, y siguiendo Su Espíritu, ese amor, gozo, paz, paciencia, benignidad, bondad, fe, mansedumbre, dominio propio SÍ son posibles. Ése es el fruto que se revelará en medio de las pruebas.*

Vuelve al párrafo de esta sección que comienza con "Impacientes..." y subraya cada uno de los aspectos del fruto del Espíritu (Gál. 5:22-23). Somos conocidas por nuestro fruto (Mt. 7:15-23). Y durante nuestra vida, manifestamos o el fruto del Espíritu o el fruto negativo, por nuestras palabras (Sant. 3:9-12), nuestros pensamientos (Sant. 1:13-15), y nuestras acciones (Sant. 2:17-19).

Usando los versículos anteriores como inspiración, haz un cuadro, una lista, o un dibujo en la próxima página, ilustrando el contraste entre los aspectos del fruto del Espíritu[13] y un mal hábito o un fruto malo que nos atrapa.

---

13 Nota: En el último capítulo, hablaremos sobre cómo podemos vivir según el Espíritu y las promesas que el YO SOY hace a través de esa faceta de Quién *ya* es, Quién era y Quién ha de venir.

El fruto del Espíritu[14]				Fruto malo

Dando fruto

Dar fruto, como se nos manda en Juan 15, no es solamente manifestar el fruto del Espíritu (Gál. 5:22-23).

> *Cuando un árbol o una viña da fruto,*
> *produce la semilla de la que nace otro fruto.*

¿Cuál es el fruto o la semilla que el YO SOY nos manda a producir?

---

[14] Hay un estudio ePétalo (gratis) sobre los Elementos Comunes y su aplicación al fruto del Espíritu, disponible en www.HermanaRosadeHierro.com

¿Qué paralelo existe entre la enseñanza de Juan 15:1-17 y las palabras que Jesús proclamaron antes de la ascensión en Mateo 28:18-20?

¿Qué es necesario para que produzcamos fruto? (Encontré al menos seis instrucciones específicas en Juan 15:1-17 para ayudarnos a dar fruto.) Haz una lista de los mandatos claves que encuentras.

Según 1 Corintios 3:5-9, ¿cuáles son nuestros roles?

¿Somos responsables por el crecimiento? ¿Cómo es que sí y cómo es que no? (Jn. 15:4-5; 1 Cor. 3:6-7)

¿Cómo podemos permanecer en el YO SOY Y dar fruto? Describe cómo estos dos mandamientos están relacionados.

Limpiar con una esponja seca

¿Alguna vez has tratado de limpiar con una esponja seca? ¡Es imposible! Es como uñas en la pizarra al rasgar la superficie. Entonces, mojamos la esponja y *luego* la usamos.

Pero si la usamos y la usamos y la usamos y la usamos sin volverla a mojar, ¿qué pasa?

Ahora, imagina una cubeta o un balde de agua. Si dejamos la esponja en el agua por mucho tiempo, ¿qué pasa con el trabajo que queda pendiente de hacer?

Creciendo en el sur de Luisiana, uno aprende rápidamente que no se puede dejar agua estancada afuera. Atrae mosquitos; se ensucia y es posible que crezca moho por encima. Imagínate cómo quedaría una esponja dejada allí.

Pero, si el agua permanece en la esponja y la esponja permanece en el agua, buscando un equilibrio entre las dos tareas, ¿cuál es el resultado?

Si somos la esponja y la cubeta o el balde de agua representa el Agua Viva, ¿cuáles son las aplicaciones para la enseñanza del YO SOY en Juan 15 sobre el permanecer y dar fruto?

Separados de Él, no podemos hacer nada

Para los que están determinados a servir, alcanzar a otros, trabajar por el Señor y hacer Su buena voluntad, el agotamiento es una gran posibilidad. Uno no puede derramar desde un vaso vacío. **Nuestro testimonio de fe se vuelve seco y quebrantable cuando perdemos la vista del YO SOY.**

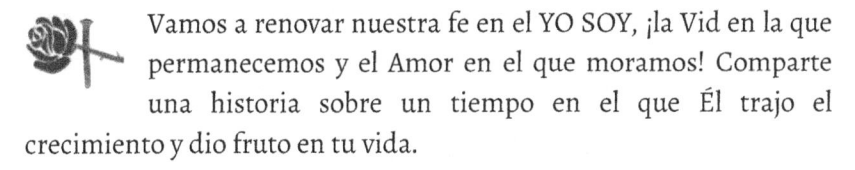

Vamos a renovar nuestra fe en el YO SOY, ¡la Vid en la que permanecemos y el Amor en el que moramos! Comparte una historia sobre un tiempo en el que Él trajo el crecimiento y dio fruto en tu vida.

Un jardinero o labrador presta mucha atención a todo detalle, el clima, la tierra, el sol y otras condiciones, para producir la mejor cosecha. **El Jardinero Divino provee las mejores circunstancias para cada rama para que permanezca en Él y dé fruto, aun cuando nos necesita podar para crear mayor crecimiento.**

¿Cuál es el propósito de podar o limpiar y quiénes son los que están podados (Jn. 15:2)?

¿Cómo se ve la podada en nuestras vidas espirituales?

Celebrando a quienes dan fruto

Un último recordatorio antes de cerrar esta lección: **El dar fruto no es una competencia.** No estamos llamadas a comparar nuestro crecimiento con el de otra persona. El YO SOY Jardinero y el YO SOY la Vid tienen una relación íntima con Sus ramas, sabiendo precisamente lo que cada una necesita y cómo pueden crecer mejor y dar fruto en cualquier etapa de su vida.

Nombra y describe las dadoras de fruto en 2 Timoteo 1:5-8.

Nombra a dos personas más que dieron fruto en la Biblia y que te inspiran. (No se te olvide incluir la referencia bíblica.)

Finalmente, escribe quiénes dieron fruto a tu vida. ¿Quién hizo que fuera posible para ti conectarte a la Vid Verdadera al permanecer en Él y producir el fruto de ti?

¡Hay tremendo gozo al dar fruto! No he dado a luz a hijos propios, pero me encanta regocijarme con mis hijos espirituales que siguen dando fruto por sí mismos.

Vamos a continuar la celebración de los dadores de fruto en nuestras vidas y regocijarnos con nuestras Hermanas Rosa de Hierro que siguen regando nuestras semillas de fe (Mt. 13).

> *Cada una de nosotras es una rama única en la Vid*
> *y rosa única en el jardín de Dios.*

Y no estamos solas.

Elementos Comunes

¿Cuál es un nombre o característica del YO SOY en el que quieres que **crezca** tus raíces **o florezca** tu fe?

¿Cuál **espina** se necesita eliminar? Puede ser una perspectiva errada o un pensamiento que impide tu crecimiento.

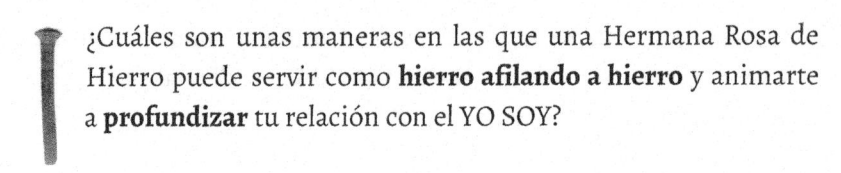

¿Cuáles son unas maneras en las que una Hermana Rosa de Hierro puede servir como **hierro afilando a hierro** y animarte a **profundizar** tu relación con el YO SOY?

Un mensaje de esperanza, una palabra animadora, o un versículo bíblico que te recuerda del YO SOY.

Fecha: _____

Capítulo 13

¿Quién me consolará, guiará y recordará? El YO SOY en mí, viviendo en el Espíritu Santo

Y yo le pediré al Padre, y él les dará otro Consolador para que los acompañe siempre: el Espíritu de verdad, a quien el mundo no puede aceptar porque no lo ve ni lo conoce. Pero ustedes sí lo conocen, porque vive con ustedes y estará en ustedes. (Jn. 14:16-17)

En el Antiguo Testamento, el don del Espíritu Santo era poco común. El propósito del Espíritu Santo era para ungir (reyes y profetas), para dones o tareas específicas (Éx. 31:1-11), pero, en general, sólo se entregaba temporalmente (Núm. 11:25; 1 Sam. 16:14). Pocos individuos tuvieron la bendición del Espíritu Santo morando dentro de ellos de por vida (Juan el Bautista, Lc. 1:15).

Hasta David temía que el Espíritu del SEÑOR le sería quitado como le pasó a Saúl (1 Sam. 16:13-14; Sal. 51). Moisés, cuya vida hemos examinado mucho en este libro, tuvo el honor de estar en la presencia del SEÑOR, pero no vemos evidencia clara del Espíritu que moraba en él.

Entonces, para los discípulos, les era difícil creer en el Espíritu Santo o entenderlo. No estaban familiarizados con Su trabajo. Buscaron ejemplos en el Antiguo Testamento, tal como miramos en el libro de Hechos. Pero de igual manera, como les pasó a los discípulos, malentendemos o tememos el trabajo del Espíritu Santo.

Antes de ir al Nuevo Testamento para obtener mayor entendimiento del Espíritu Santo, permíteme compartir un poema, escrito después de ser inspirada por el trabajo del Espíritu Santo en el Antiguo Testamento.

En el hebreo, la palabra para el Espíritu del SEÑOR es *Ruach*. Se pronuncia como el sonido de un viento soplando y por lo tanto se considera una onomatopeya, como el "tictac" de un reloj, o el "zumbido" de la abeja, una palabra que hace un sonido sinónimo a su significado.

No podemos ver el viento, pero vemos el efecto de lo que hace y cómo se mueve. No podemos ver al Espíritu, pero damos testimonio de lo que hace, cómo se mueve, y creemos en Él. ¿Crees en el Espíritu Santo?

Ruach

Por Michelle J. Goff

Se movía sobre la superficie de las aguas... *Ruach*.
Y el Espíritu del SEÑOR se seguía moviendo, nunca dormido...
¡Ruach!
Descendido como nube y un pilar de fuego para guiar; una nube nuevamente, descansando sobre los ancianos para que profetizaran...
Ruach.
Impartió sabiduría a Josué, jueces y reyes; Gedeón sonó la trompeta, Sansón conquistó enemigos... el Espíritu del SEÑOR vino poderosamente sobre ellos... **¡Ruach!**

Derramado para profetizar, dirigir, juzgar y reinar... sabiduría y entendimiento caracterizaron la presencia del Espíritu en las vidas de los ungidos... *Ruach*.

Saúl, David y Salomón, ungidos como los reyes escogidos por Dios, fueron inspirados por el Espíritu para hablar, fueron llenos por el Espíritu para guiar, y fueron empoderados por el Espíritu para derrotar al enemigo... **¡Ruach!**

Pero el Espíritu del SEÑOR se alejó de Saúl. *Silencio*.

Desobediencia, rechazo, un enemigo del SEÑOR... *Silencio*.

David vio el espíritu atormentado en Saúl; la ausencia del Espíritu del SEÑOR. *Silencio*.

"No quites de mí tu Espíritu divino," **¡Ruach!**

El Espíritu Santo moraba en David... *Ruach*.

Que el Espíritu del SEÑOR descienda sobre mí... *Ruach*.

Que derrame sabiduría, entendimiento, consejo y fuerza, conocimiento y temor del SEÑOR... **¡Ruach!**

¿Quién puede contemplar al Espíritu del SEÑOR? Nunca me canso de contemplarlo y buscar Su presencia... *Ruach*.

Úsame para anunciar buenas nuevas a los pobres, sanar los corazones heridos, proclamar liberación a los cautivos y libertad a los cautivos.

Ruach, respira una vida nueva en mí como hiciste con los antepasados fieles.

Guíame en Tus caminos e instruye mis planes.

Ven sobre mí poderosamente y habla a través de mí como lo hiciste con los profetas de aquellos días. **¡Ruach!**

No espero una doble porción como la que le diste a Eliseo, sino que descanse en Tu presencia, probar de Tu bondad, y jamás experimentar el dolor de Tu partida.

Ruach... Ruach... **¡Ruach!**

Comparte tus comentarios, reflexiones o tu propio testimonio de fe sobre el Espíritu Santo en el Antiguo

Testamento.

El Espíritu Santo en el Nuevo Testamento

¿Qué aprendemos del Espíritu Santo de los siguientes versículos del Nuevo Testamento?

Hebreos 2:4

Juan 16:7-15

Hechos 1:1-5

Hechos 2:1-4

Hechos 2:38

Nuestras mentes limitadas no pueden comprender la naturaleza infinita del YO SOY. Sin embargo, uno de los roles principales del Espíritu es el de profundizar nuestro entendimiento del YO SOY.

> [25] »Todo esto lo digo ahora que estoy con ustedes. [26] Pero el Consolador, el Espíritu Santo, a quien el Padre enviará en mi nombre, les enseñará todas las cosas y les hará recordar todo lo que les he dicho. (Jn. 14:25-26)

¿Cuál es la faceta más vital y animadora del Espíritu Santo en tu vida hoy día? No hay respuesta correcta ni equivocada porque el YO SOY es suficientemente grande para ser el todo para todos en todo momento. Es una oportunidad de explicar cómo está trabajando en tu vida ahora mismo. Puede ser que sí le veas o no. Y puede ser que no entiendas todo lo que Él está haciendo.

Cosas mayores

> *Ciertamente les aseguro que el que cree en mí las obras que yo hago también él las hará, y aun las hará mayores, porque yo vuelvo al Padre. (Jn. 14:12)*

¿Cómo podemos hacer esas "cosas mayores"? (Ve Juan 14:12-17.)

¿Crees en el YO SOY, Espíritu Santo? ¿Qué crees de Él?

Recordar creer cuando lo olvidamos

El creer es la clave fundamental de la que depende todo aspecto de la vida. Pero nuestra fe vacila; dudamos. Nos olvidamos de en qué y en Quién creemos.

Y el YO SOY nos afirma que no estamos solas, ni en nuestra fe ni en las dudas. Tenemos al Consolador, Intercesor, el Espíritu Santo para consolar, guiar y recordarnos (Jn. 14 y 16).

¿Qué pasa en Juan 20:24-29 y cómo reacciona Jesús?

Juan pone esta historia como el punto final antes de afirmar el propósito de su relato del evangelio.

> *"Pero estas se han escrito para que ustedes crean que Jesús es el Cristo, el Hijo de Dios, y para que al creer en su nombre tengan vida" (Jn. 20:31).*

¿Qué has aprendido sobre el nombre de YHVH y el poder de creer en el YO SOY?

Como un repaso, ¿cómo nos señala el Espíritu Santo al YO SOY y las respuestas a las preguntas que hemos presentado en los demás capítulos de este libro? **Escoge tres de las preguntas enlistadas abajo** y permite que el Espíritu te lleve al consuelo, la verdad, la guía, la afirmación, la convicción o el apoyo que necesitas.

Asegúrate de incluir una declaración del YO SOY en cada una de tus respuestas y puedes también entretejer tus respuestas con las varias maneras que utiliza el Espíritu para recordarte. Puede ser a través de canciones, versículos bíblicos específicos, dibujos, poemas, historias... ¡Son elementos adicionales de tu testimonio de fe!

Intencionalmente estoy dejando más de una página en blanco para que puedas hacer este ejercicio. Toma tu tiempo con la tarea. Dedica a Él ese tiempo en la Presencia del YO SOY. Dale gracias por el regalo de Su Espíritu para ayudarte en el proceso y todos los días de tu vida.

Y si no te has unido con el YO SOY por las aguas del bautismo y por lo tanto todavía no tienes al Espíritu Santo morando en ti, te quiero invitar personalmente a declarar públicamente tu fe en Jesús como el Hijo de Dios, el YO SOY que se hizo carne y habitó entre nosotros, a arrepentirte de la forma vieja de vivir, a confesarlo como Señor de tu vida y a ser bautizada en Su nombre por el perdón de tus pecados y para recibir el don del Espíritu Santo.

Recuerda, escoge tres de las preguntas abajo para responder, permitiendo que el Espíritu Santo te guíe a los recordatorios del YO SOY y profundizando tu testimonio de fe en Él. Puedes referirte a tus apuntes en los capítulos en este libro. Los números de los capítulos corresponden a los números de las preguntas abajo.

1. ¿Cómo puedes mantener los ojos puestos en el YO SOY?
2. ¿Cuál es el impacto en tu vida de Aquel quien es, quien era y quien ha de venir?
3. ¿Cómo puedes recordar que no se trata de ti, sino de quién el YO SOY es?
4. ¿Qué necesitas creer que el YO SOY *ya es* ____, para recordar que tú eres ____?
5. ¿Cómo puedes pedirle de beber?

6. ¿Serán satisfechas tus necesidades?
7. ¿Estás viendo claramente?
8. ¿Estás segura?
9. ¿Hay alguien que de verdad te conoce?
10. ¿En dónde encuentras esperanza?
11. ¿En quién crees?
12. ¿A dónde vas desde aquí?

(intencionalmente dejada en blanco para poder responder a las tres preguntas escogidas)

Testimonios de fe en el YO SOY

Una de las cosas que más afirma la fidelidad de Dios y las otras facetas de Su carácter, reveladas por Su nombre, son historias que dan gloria a Dios. Estas "historias que dan gloria a Dios" como las llamo, son relatos de la vida real sobre maneras en las que hemos visto a Dios trabajando y le damos la gloria por lo que ha hecho. Estas historias que dan gloria a Dios se convierten en nuestros testimonios de fe. Mientras más el Espíritu nos ayuda a reconocer el trabajo del YO SOY, más aumenta nuestro creer y más se solidifica nuestro testimonio, tal como experimentaste en el ejercicio anterior.

El Espíritu Santo me recuerda de las historias que dan gloria a Dios cuando me siento débil o desanimada. Por consiguiente, mi testimonio de fe se fortalece y me animan las historias que dan gloria a Dios en la Biblia, en mi propia vida y en la vida de otras personas. Gracias por compartir tu testimonio de fe con tus Hermanas Rosa de Hierro y por permitirte ser animada y desafiada por sus historias también.

Elementos Comunes

Es nuestra última oportunidad de compartir en los Elementos Comunes en el contexto de este libro. No se te olvide pasar un buen tiempo en oración cuando te reúnas en tu grupo pequeño.

¿Cuál es un nombre o característica del YO SOY en el que quieres que **crezca o florezca** tu fe?

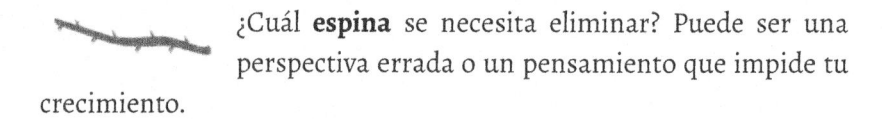

¿Cuál **espina** se necesita eliminar? Puede ser una perspectiva errada o un pensamiento que impide tu crecimiento.

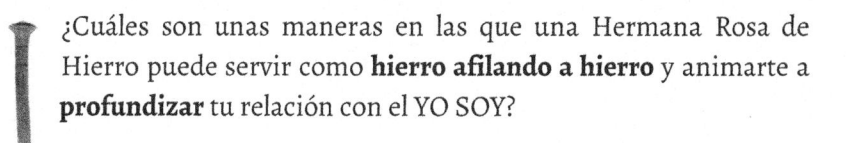

¿Cuáles son unas maneras en las que una Hermana Rosa de Hierro puede servir como **hierro afilando a hierro** y animarte a **profundizar** tu relación con el YO SOY?

Un mensaje de esperanza, una palabra animadora, o un versículo bíblico que te recuerda del YO SOY.

Fecha: _____

Conclusión

A través de este libro, hemos explorado el significado del nombre de YHVH, el YO SOY o SEÑOR, con las varias maneras en las que Él se revela a lo largo de las Escrituras y en nuestras propias vidas. Es mi oración que, por estos testimonios de fe, tu fe en el YO SOY ha crecido y que tu propio testimonio de fe ha florecido.

Cuando Moisés preguntó sobre quién debería decir al Faraón y a los Israelitas que le había enviado, Dios respondió con Su nombre, "YO SOY EL QUE SOY" o "YO SERÉ EL QUE SERÉ" (Éx. 3:14-15). Al menos que sea en respuesta a una pregunta que ya está definido el objeto, el verbo "ser" requiere un objeto. Si yo dijera, "yo soy..." esperarías, anticipando un fin a la frase. Quizás "Soy cristiana," o "Soy Michelle," o "Soy tía."

Dios no sigue esas reglas porque sin Él, más nada existiría. Él es. Él era. Él será y ha de venir. Él existe. Toda existencia sale de Él.

> *Quién es Él está basado en el hecho de que Él es. Ya es, era y ha de venir.*

YHVH, Yahvé, SEÑOR va más allá que cualquier título o característica que le podemos asignar o por el que revela cómo Él es. Los otros "nombres" que vemos por el YHVH en la Biblia demuestran las maneras en las que el SEÑOR, YHVH, el YO SOY, se ha revelado, manifestaciones de Su existencia como el Gran YO SOY.

¿Sabías que la expresión el "Gran YO SOY" no aparece en la Biblia? Es una frase que hemos adoptado, hasta para el título de este libro, de un himno famoso, originalmente en inglés, *"Our God, He is Alive,"* (Nuestro Dios vive hoy) escrito por Aaron Wesley Dicus. Era predicador, físico y profesor universitario. Compusó muchas canciones que se cantan hoy día. A través de la letra de este himno, se alaba a Dios por Su grandeza en los campos físicos y espirituales, afirmando que nada existiría sin Él. Todo lo que hacía, hace y hará proclama Su deseo por una relación con nosotros a través de nuestra fe en Él.

La frase "el Gran YO SOY" eleva la afirmación de SU existencia. A través del himno, "Nuestro Dios vive hoy," especialmente como fue escrito por un hombre de ciencia, escuchamos una tremenda afirmación de la existencia de Dios, su testimonio de fe..

Nuestro Dios vive hoy[15]

Hay más allá del cielo azul.
Un Dios que humano no lo ve.
Pintó los cielos con su luz.
Creó el mundo con poder.

Coro:
Existe un Dios. (Existe un Dios.) El vive hoy. (El vive hoy.)
En Él vivimos (En Él vivimos), perduramos (perduramos).
Del polvo al hombre (Del polvo al hombre) Dios creó (Dios creó).
El gran YO SOY (El gran YO SOY) es nuestro Dios (es nuestro Dios).

Mi vida libre es del error
Segura en mi Dios está.
No entiende esto el pecador;
Sólo mi Dios comprende ya.

Mi Dios en cruz a su Hijo dio
Su vida el Hijo quiso dar.
Allá del mal nos libertó
Para tomar su eternidad.

---

15 Versión en español tomado con permiso de Cantos del Camino. La letra y la música de "Our God, He Is Alive" 1966 por A. W. Dicus 1973 en Sacred Selections Inc., Ellis J. Crum, dueño, Kendallville, IN 46755.

¡Creemos!

Tal como hizo A.W. Dicus en el himno, nuestros testimonios de fe son proclamaciones de la existencia del YO SOY en el mundo y en nuestras vidas personales. Tu testimonio de fe quizás nunca llegue a aparecer en un himnario ni ser cantado por miles de personas. Pero tu testimonio de fe puede servir como una invitación para que otros crean, como una afirmación de fe para quienes están titubeando en su fe, y como una proclamación de fe en un tiempo de duda personal.

Cuando fijamos la mirada en el YO SOY y miramos con ojos de fe, recordamos cómo ver las cosas desde Su perspectiva. Recuerda: Nada existe sin YHVH. Y para los que están en Él, podemos descansar, confiadas en nuestra fe, no por quienes somos, sino por quién Él *ya* es.

> *Ya somos porque el YO SOY ya es, era y siempre será.*

Al concluir el tiempo junto con tus Hermanas Rosa de Hierro por este estudio bíblico interactivo, pasen un tiempo en oración juntas, regocijándose en el YO SOY y reforzando nuestra fe en Su nombre.

> *Las buenas nuevas (el evangelio) de nuestros testimonios son que el YO SOY mora en nosotras. De esa forma somos la encarnación del YO SOY en la vida de otros.*

Compartiendo tu testimonio de fe

A lo largo de este libro, has tenido la oportunidad de practicar compartiendo tu testimonio de fe con tus Hermanas Rosa de Hierro. Como ministerio, ¡nos encantaría escuchar tu historia también! Queremos ayudarte a compartir tu historia. Puede ser una narrativa escrita de tu relación con el YO SOY, una canción compuesta y cantada, un video de ti misma compartiendo tu testimonio de fe, o una obra de arte que refleja tu andar al llegar a creer en el YO SOY.

Por favor, manda una copia a nuestro email: hermanarosadehierro@gmail.com, avísanos por nuestra página en Facebook "Ministerio Hermana Rosa de Hierro" o por Instagram @ironrosesister

Bendiciones en tu fe creciente y gracias por acompañarme por el camino.

¡Anticipamos tu testimonio de fe!

M.

Sobre la autora

Durante la trayectoria de su ministerio, Michelle J. Goff ha escrito en inglés y en español muchos estudios bíblicos orientados para compartir en grupo. Dios ha guiado a Michelle a compartir estos recursos con más mujeres alrededor del mundo a través del Ministerio Hermana Rosa de Hierro. Ella también sigue aprovechando oportunidades para servir como expositora en seminarios, conferencias, y otros eventos para damas a lo largo de las Américas en inglés y en español. Si deseas programar un seminario en una iglesia cercana, por favor, contacta a Michelle por medio del correo electrónico hermanarosadehierro@gmail.com, o para más información, visita la página web: www.HermanaRosadeHierro.com

Vida personal

Michelle creció en Baton Rouge, Luisiana, con sus padres y tres hermanas menores. Su amor y dedicación para ayudar a las mujeres que encuentra en su camino empezó desde temprano con sus hermanas, aun cuando ellas pensaban que ella era muy mandona. Michelle y sus hermanas han madurado mucho desde su niñez, pero los lazos de hermandad permanecen. Michelle ha sido bendecida por el apoyo de su familia durante todas sus aventuras a lo largo de los años.

Michelle disfruta el tiempo con la familia, es aficionada de los Bravos de Atlanta y los Tigres de LSU. Le gusta tomar un café o té con sus amigas, ir al cine, viajar, y le gusta hablar español. Y adivinen cuál es su flor favorita... Sí. La rosa roja.

Actualmente, ella reside en Searcy, Arkansas, cerca de su familia.

Experiencia en el ministerio y la educación

Michelle sintió primero el llamado al ministerio durante su último año de estudio en la Universidad de Harding mientras hacía una licenciatura en terapia del lenguaje y español. Tenía planes para unirse a un equipo con el objetivo de establecer una nueva congregación en el norte de Bogotá, Colombia. Para facilitar los planes de la nueva obra en Bogotá, ella se mudó a Atlanta, Georgia, después de graduarse en mayo de 1999. Aunque el plan para Bogotá, Colombia, no se logró, Michelle siguió con el sueño y fue parte del grupo que estableció una nueva obra allí en marzo del 2000.

Ella trabajó en el ministerio de misiones en la Iglesia de Cristo en North Atlanta por un año y medio antes de mudarse a Denver, Colorado, a trabajar con cuatro nuevas congregaciones — una habla-inglesa (Iglesia de Cristo en Highlands Ranch) y tres hispanohablantes. Durante los dos años y medio que vivió en Denver, Michelle siguió involucrada en Bogotá, Colombia, y en varias regiones de Venezuela, visitando nuevas congregaciones, enseñando clases, dirigiendo retiros de damas, enseñando y colaborando en campamentos de jóvenes, etc.

En marzo del 2003, Michelle se mudó a Caracas, Venezuela, a colaborar con una nueva congregación en el este de la ciudad. Cada tres meses para renovar su visa venezolana, visitaba Bogotá, Colombia, para también seguir colaborando con la congregación allí. Su tiempo en Caracas estuvo enfocado en la congregación del Este, pero también pudo participar en otras actividades de damas en otras regiones del país. Durante los cuatro años que Michelle estuvo en Caracas, la congregación que empezó con doce personas reunidas en su apartamento llegó a tener casi cien miembros. La Iglesia de Cristo en el Este sigue creciendo a pesar de la situación en Venezuela. Michelle ha podido volver a Bogotá para regocijarse en el crecimiento de la congregación del Norte y ver que ellos han ayudado a iniciar otra obra en el sur de la ciudad.

En marzo del 2007, Michelle hizo una transición al ministerio en los Estados Unidos como ministra universitaria para las damas con la Iglesia de Cristo, South Baton Rouge. Ellos tienen un Centro Cristiano Estudiantil al lado del campus de la Universidad Estatal de

Luisiana (LSU). Mientras Michelle acompañaba a los universitarios en su camino espiritual y servía en otros papeles con el ministerio de damas, Michelle cursó una maestría en LSU. Se graduó en diciembre del 2011, culminando su maestría en estudios hispanos con una concentración en la lingüística. Su tesis exploró la influencia de factores sociales y religiosos en la interpretación de las Escrituras.

Ahora Michelle está siguiendo el llamado de Dios al usar su experiencia en el ministerio bilingüe con mujeres de toda edad y distintos orígenes culturales, para bendecirlas con oportunidades de crecimiento y crear vínculos profundos espirituales con otras hermanas en Cristo, a través del Ministerio Hermana Rosa de Hierro.

Equipando, animando y empoderando a las mujeres: un buen resumen de lo que es la visión del Ministerio Hermana Rosa de Hierro y las pasiones de Michelle. Gracias por tus oraciones por ella y por la realización de esa misión.

Sobre el Ministerio Hermana Rosa de Hierro

El Ministerio Hermana Rosa de Hierro es una entidad sin fines de lucro 501(c)(3) registrada en los EE.UU. con una junta directiva y en consulta con algunos ancianos de la Iglesia de Cristo.

Visión:

Equipar a las mujeres para que se conecten más profundamente con Dios y con otras hermanas en Cristo, en contextos de español, inglés y bilingües, a lo largo de las Américas.

Iron Rose Sister MINISTRIES

MINISTERIO Hermana Rosa de Hierro

www.HermanaRosadeHierro.com

Misión general:

Un ministerio que facilita mejores relaciones entre hermanas en Cristo para que puedan servir como hierro afilando a hierro, animándose e inspirándose a que sean tan bellas como rosas a pesar de unas espinas. Una de sus metas es la de proveer recursos bíblicos sencillos para ser guiados por cualquier persona y profundos para que todas crezcan.

Cada FACETA y base acerca de nuestra visión:

F – Fidelidad – a Dios sobre todo. *"Busquen primeramente el reino de Dios y su justicia, y todas estas cosas les serán añadidas."* (Mt. 6:33)

A – Autenticidad – No somos hipócritas, sólo humanas.

"...pero él me dijo: «Te basta con mi gracia, pues mi poder se perfecciona en la debilidad.» Por lo tanto, gustosamente haré más bien alarde de mis debilidades, para que permanezca sobre mí el poder de Cristo. Por eso me regocijo en debilidades, insultos, privaciones, persecuciones y dificultades que sufro por Cristo; porque cuando soy débil, entonces soy fuerte." (2 Cor. 12:9-10)

C – Comunidad – No fuimos creadas para tener una relación aislada con Dios. Él ha diseñado a la iglesia como un cuerpo con muchos miembros (1 Cor. 12). La cantidad de pasajes "los unos a los otros" en el Nuevo Testamento afirma ese diseño. Como mujeres, tenemos necesidades únicas en las relaciones, tras diferentes etapas de la vida. A veces, como Moisés, necesitamos los brazos levantados por otros en apoyo (Éx. 17:12) o en otras ocasiones, podemos regocijarnos con los que están alegres o llorar con los que lloran (Rom. 12:15). Los estudios Hermana Rosa de Hierro están diseñados para ser compartidos en comunidad.

E – Estudio – *"La palabra de Dios es viva y poderosa, y más cortante que cualquier espada de dos filos. Penetra hasta lo más profundo del alma y del espíritu, hasta la médula de los huesos, y juzga los pensamientos y las intenciones del corazón."* (Heb. 4:12)

Para poder obtener los beneficios y las bendiciones de la visión de la Hermana Rosa de Hierro, debemos consultar al Creador. A través de un mayor conocimiento de la Palabra, podemos florecer como rosas y quitar las espinas, discerniendo cómo el Espíritu nos guía, reconociendo la voz del Padre y siguiendo el ejemplo del Hijo. Se cumple con esas metas exitosamente en el contexto de la comunidad, así que proveemos recursos para el estudio bíblico en grupo, pero sin excluir el tiempo a solas con Dios, y por eso los recursos sirven para estudios bíblicos personales también.

T – Testimonio – Todas tenemos una "historia con Dios." Al reconocer su mano viva y activa en nuestras vidas, somos bendecidas al compartir ese mensaje de esperanza con otros (Jn. 4:39-42). ¡Gracias a Dios, esa historia no ha terminado! Dios sigue trabajando en la transformación de vidas y anhelamos oír tus historias también.

A – Ánimo en oración y como afiladora – *"El hierro se afila con el hierro."* (Prov. 27:17) Dios no nos ha dejado solas en el camino. *"Confiésense unos a otros sus pecados, y oren unos por otros, para que sean sanados. La oración del justo es poderosa y eficaz"* (Sant. 5:16).

Es nuestra oración que cada mujer que se una en esta misión participe como Hermana Rosa de Hierro con otras damas.

Para más información, por favor:

Visita www.HermanaRosadeHierro.com

Anótate para recibir los boletines y el blog del MHRH.

El Ministerio Hermana Rosa de Hierro es una fundación sin fines del lucro con una Junta Directiva y grupo de ancianos que nos supervisan también.

Bibliografía

El Rey León. Walt Disney Pictures, 1994.

Evans, Rachel Held. *Inspired*. Nashville: Nelson Books, 2018.

Swindoll, Charles R. *The Swindoll Study Bible*. Carol Stream, Illinois: Tyndale House Publishers, 2017.

Swindoll, Charles R. "Insights on John," *Swindoll Living Insights New Testament Commentary*, Volume 4. Carol Stream, Illinois: Tyndale House Publishers, 2014.

Tozer A. W. *The Pursuit of God*. Chicago: Moody Publishers, 2015.

West, John. "How Hollywood reinvented C.S. Lewis in the film "Shadowlands."" Last modified July 2, 2012. http://www.cslewisweb.com/2012/07/how-hollywood-reinvented-c-s-lewis-in-the-film-shadowlands/

Guía para la facilitadora

Tal como se presentó en el *Formato de los estudios bíblicos del Ministerio Hermana Rosa de Hierro*, cada Hermana Rosa de Hierro es animada a rotar la coordinación dentro del grupo cada semana.

Aún si no te sientes equipada o capacitada para facilitar la conversación o te falta experiencia, es una rica oportunidad para crecer y ser una bendición para otras mujeres. Estás entre hermanas y amigas que te están apoyando en esta parte de tu camino también.

Lo siguiente es una lista de consejos o sugerencias, especialmente para nuevas líderes:

- ➢ Haz que el estudio sea tuyo y deja que el Espíritu les guíe. Estos estudios son un recurso no un guion.
    - o Escoge las preguntas que más quieres mencionar para discutir y decide cuales puedes saltar si les falta tiempo.
    - o Siéntete libre de agregar tus propias preguntas o resaltar las porciones del capítulo que más te llamaron la atención, sin importar si fueron designadas para la discusión o no.
    - o Nota: La mayoría de las semanas, por razones de tiempo, no podrán conversar sobre todas las preguntas en el capítulo.
- ➢ Incluye ejemplos adicionales de las Escrituras y anima a otras a hacer lo mismo.
    - o Programas por internet, tales como BibleGateway.com o BlueLetterBible.org, proveen excelentes recursos: múltiples versiones de la Biblia, concordancias (para buscar donde aparecen ciertas palabras), diccionarios bíblicos, comentarios, e interpretaciones de estudiosos.
- ➢ Mantente atenta a contestar primero la pregunta para discusión y usar tus propios ejemplos, pero evita la tentación de ser la única que habla.

- o Permite un tiempo de silencio incómodo para dar la oportunidad a otras a pensar y compartir. Idea: Cuenta hasta 10 en silencio para permitir que otras tengan oportunidad de pensar en sus respuestas. Puedes formar la pregunta con otras palabras también.
- o Está bien invitar a alguien en particular a responder una pregunta específica.
- o ¿Por qué? o ¿Por qué no? son buenas preguntas de seguimiento para facilitar la plática.

➢ Ser líder se trata de facilitar la discusión, no de tener todas las respuestas.
- o Cuando alguien menciona una situación difícil o presenta una pregunta complicada, siempre puedes abrir la pregunta a todas para que respondan con las Escrituras, no sólo con sus propios consejos.
- o Puede que la respuesta amerite un estudio más profundo de las Escrituras o una consulta con alguien con más experiencia en la Palabra y/o experiencia acerca del asunto mencionado. ¡Y está bien! Estamos profundizando en los distintos temas.

➢ Afirma y anima la participación en grupo.
- o Una de las mejores maneras de facilitar una buena conversación es afirmar a las otras en el grupo. Aun si no estás de acuerdo con lo que dijeron, puedes apreciar su disponibilidad de compartir ideas.
- o Agradece a las que están dispuestas a leer pasajes de la Biblia, orar, o hacer preguntas para profundizar el tema. Y no se te olvide agradecer a las que comparten sus respuestas y sus aportes durante el estudio.
- o Si alguien está hablando demasiado o compartiendo demasiado, puedes interrumpirle amablemente y agradecerle por compartir. Puede que sea sabio hacer una oración sobre ella o sobre la situación en ese mismo momento para poder proseguir con el tema de esa semana.

- Acomoda para grupos más grandes, si se necesita.
  - El tamaño ideal para un grupo pequeño es entre 6 y 8 mujeres. Si el grupo es más grande, las mujeres más reservadas no van a tener la oportunidad de compartir.
  - Aquí hay algunas sugerencias para permitir que las mujeres se conecten más profundamente con el YO SOY y las unas con las otras por el estudio de la semana.
    - Escoge una sección del capítulo o algunas preguntas que se pueden contestar en grupitos (2 o 3 personas).
    - Permite un tiempo en los grupitos y luego junta a todo el grupo nuevamente. Se puede hacer múltiples veces durante el estudio semanal.
    - Además, los grupitos pueden ser una buena manera de compartir en los Elementos Comunes y/o en oración.
- Da una conclusión práctica o una aplicación para llevar a casa cuando cierran la reunión con los Elementos Comunes.
- No te olvides planificar y apartar un tiempo para orar.
- Recuerda nuestros propósitos como estudiantes de la Palabra e hijas del Rey. Estamos escuchando para profundizar nuestra relación con el YO SOY y las unas con las otras: a ser Hermanas Rosa de Hierro que sirven como hierro afilando a hierro, animándonos a ser tan bellas como rosas a pesar de unas espinas.

Notas/Testimonios

Notas/Testimonios

Made in the USA
Monee, IL
29 August 2025